Spinnen, Blut & Champagner

Kolumnen von
Moritz E. Wigand

zum Teil erschienen in der Rheinischen Post –
mit Illustrationen von Martin Kaumanns

Inhalt

Vorwort

Letztens sollte ich ein Vorwort schreiben. Ich zerkaute einen Bleistift. Ich trommelte mit den Fingern auf den Schreibtisch. Ich starrte in den Laptop, bis der Akku leer war. Dabei dachte ich an Berlin, Frankreich, Holland und die USA. Ich dachte an die Spinne in der Psychiatrie und an den Grizzly im Krankenhaus. Ich dachte an den buddhistischen Weihnachtsmann, der an Heiligabend mit einem atheistischen Rentier und einem Engel im Brautkleid durch Berlin seine Runden dreht. Ich dachte an die missglückte Wiederbelebung einer traurigen Puppe. Ich dachte an die drei goldenen Regeln eines jeden Praktikums im Krankenhaus. Ich dachte daran, wie holländische Studenten einen Schrank transportieren und wie froh französische Chirurgen sind, wenn sie nicht immer nur Champagner trinken müssen. Und ich dachte an Bill Gates. Aber wieso Bill Gates?

Ach, wer liest schon Vorwörter? Blättern Sie doch einfach weiter. Ich nenne derweil die erste Kolumne dieses Buches »Vorwort«.

Kleine
Spinne

Letztens machte ich ein Praktikum in der Psychiatrie. Das Krankenhaus liegt in einem schwierigen Berliner Viertel direkt hinter dem Gefängnis und ist alles in allem ein hässlicher Betonklotz. Die Ärzte aller anderen Fachrichtungen sind schon mit ihren Patienten in ein schöneres Haus in Berlin-Mitte gezogen, und bald werden auch die Psychiater umziehen, um das Gebäude Verwaltungsangestellten der Stadt zu überlassen, die selbst erst kürzlich umgezogen sind. Das schon größtenteils leerstehende Haus wird ab und an für Filmarbeiten genutzt. An solchen Tagen steht man im Aufzug, der nicht selten stecken bleibt, und fragt sich, wer Schauspieler ist und wer Patient.

Viele Patienten sind dort seit langem bekannt. Wir behandelten den lieben Gott, der im wahren Leben

Gärtner ist. Wir behandelten eine obdachlose Patientin, die man für tot gehalten hatte, nachdem das Gerücht umging, sie sei von einem Lastwagen überfahren worden. Wir behandelten Patienten mit Zwangsstörungen, die sich täglich sechs Stunden duschten, und solche, die sich seit sechs Monaten nicht mehr geduscht hatten.

Mein Lichtblick war eine junge argentinische Ärztin mit vollem schwarzen Haar und geblümten Oberteilen. Leider sah ich sie immer nur flüchtig in der Morgenbesprechung.

Eines Tages fanden wir uns zusammen im Aufzug wieder. Ich merkte, wie sich vor meinen Augen etwas abseilte, und versuchte vergeblich, es zu fassen. »Du hast da eine kleine Spinne«, informierte sie mich und trat einen Schritt auf mich zu. Wir standen sehr dicht beieinander und ich wagte nicht zu atmen aus Angst, vom knoblauchhaltigen Stationsfrühstück Mundgeruch zu haben. Sie holte mir die Spinne aus dem Haar, ließ sie am Faden baumeln und wollte sie mir geben. Ich hielt die Hand auf, aber die junge Ärztin schob behutsam meine geöffnete Hand zur Seite und sagte, ich müsse die Spinne am Faden nehmen, das bringe Glück. Ich lächelte und hielt die baumelnde Spinne immer noch am Faden, als die Ärztin aus dem Aufzug stieg.

Ich bin nicht abergläubisch, aber ich überlegte, demnächst immer eine kleine Spinne dabei zu haben – für alle Fälle.

Der Fernsehturm

Man weiß, dass man in Berlin ist, wenn man den Fernsehturm sieht. Er steht mitten auf dem Alexanderplatz und schaut mal mehr und mal weniger gnädig auf die Marienkirche, das Rote Rathaus und eigentlich die ganze Stadt hinab. Selbst aus entfernten Stadtteilen wie Marzahn kann man ihn noch erkennen. Von dort sieht er in der fernen Skyline aus wie ein Zahnstocher, auf den eine Erbse gespießt ist. Zur Fußball-WM beklebte ein Sponsor die Kugel des Fernsehturms mit rosa Punkten, damit sie wie ein Fußball aussehe. Meine Freunde fanden das hässlich und geschmacklos. Ich habe aus dem Institut für Biochemie, an dem ich promoviere, einen direkten Blick auf die Kugel des Turms und bewunderte die Arbeiter, die in schwindelnder Höhe mit rosa Planen kämpften. Ich hatte gehört, dass man in New York als Fensterputzer gerne Indianer einstellt, weil sie schwindelfrei sind, und stellte mir Winnetou am Fernsehturm baumelnd vor.

Der Sommer wurde schön und die WM ein voller Erfolg. Ganz Berlin war in Partystimmung. Busfahrer warteten auf ihre Fahrgäste und wünschten ihnen

einen guten Tag. Berliner gaben Fremden Aus-
künfte. Trotz laxer Kontrollen (während jeder Rucksack durchwühlt wurde, fiel ein Fahrrad nicht weiter auf) wurde die Fanmeile – sieht man von einem
wildgewordenen Autofahrer ab, der niemanden ver-
letzte – zum friedlichen Straßenfest. Jedes Café und
jeder Biergarten hatte eine Leinwand und wurde
zum interkulturellen Treff.
Als der Herbst kam, fragten wir uns, was mit dem
Fernsehturm geschehen würde. Zwar hielten sich
einige – inzwischen etwas verblichene und ausge-
franste – Deutschlandflaggen weiter tapfer an den
Autos, aber der große Fußballrausch war vorbei.
Uns war klar, dass der Fernsehturm nicht bis zur
nächsten deutschen WM verkleidet bleiben konnte.
Letztens begannen Arbeiter, die Punkte wieder zu
entfernen. Die Arbeiter sahen aus der Ferne aus wie
Ameisen, die sich auf eine Eiskugel verirrt hatten.
Stück für Stück verschwand das Rosa und machte
dem gewohnten Grau Platz, das im Herbst nicht
selten mit dem Himmel über Berlin verschmilzt. Ich
stand mit einem Freund am Fenster. Wir hatten uns
viele Spiele gemeinsam angesehen. »Na endlich!«,
sagte er tapfer. Es klang melancholisch.

Nackt am Strand

Eine Freundin erzählte letztens, dass sie in ihrem ersten Studentenjob Ghostwriterin war. Sie sollte ein Buch darüber schreiben, wie man sich richtig bewirbt. Dabei erschöpfte sich wohlgemerkt ihre eigene Erfahrung in diesem Bereich auf genau eine Bewerbung: nämlich die auf eben diesen Job. Nachdem das Buch fertig war, finanzierte sie mit der Gage eine Sprach- und Kulturreise nach Russland.

Zwar gibt es Bafög, verschiedene Studienstiftungen und nicht selten auch ganz kleine private Studienstiftungen in Form der eigenen Eltern. Früher oder später jedoch nehmen sich fast alle Studenten einen Studentenjob, und das kann erstaunliche Blüten treiben.

Kürzlich wollte ich mit ein paar Freunden ins Kino gehen. Eine Bekannte hörte das, senkte konspirativ die Stimme und sagte: »In dem Film gibt es eine Szene am FKK-Strand, da müsst ihr genau hinsehen, denn unsere Kommilitonin XY hat da als Statistin mitgemacht.« Wir schauten uns die Augen aus, aber sie war nicht zu sehen, weder nackt noch angezogen.

Eine andere Kommilitonin parkte eines Tages ihr Auto vor der Uni und es war gelb gepunktet. Wie das denn passiert sei, wollten wir wissen. Sie fahre nun Reklame für ein lokales Sonnenstudio, sagte die Freundin, das sei schmerzlos und gäbe immerhin fünfzig Euro im Monat. Nachts tütet sie Kontoauszüge einer Bank ein und kennt den Kontostand eines manchen deutschen Stars, worüber sie natürlich nicht reden darf.

Ebenfalls der Schweigepflicht unterliegen die Kommilitonen, die in den Semesterferien Arztbriefe tippen. Dieser Job hat direkt mehrere Vorteile für beide Seiten: Die Ärzte haben günstige Schreibkräfte, die schon das ganze medizinische Vokabular kennen, und die Studenten lernen neue Fälle kennen und etwas über das Briefeschreiben, später eine ungeliebte aber notwendige Aufgabe!

Ich für meinen Teil entdeckte im ersten Semester eine wirklich coole Szenebar und war fasziniert vom Barkeeper. Auch ich wollte Cocktails mischen und bewarb mich, wurde jedoch mangels Erfahrung nicht genommen. Einige Wochen später hatte ich einen Job in der Biochemie; dort durfte ich meine Cocktails mixen, nur eben im Mikroliter-Bereich. Dieser Job barg mehrere Vorteile: Nicht nur fand er zu angenehmeren Zeiten statt, er ging ganz unmerklich in eine Promotionsförderung über und wird in einem Doktortitel enden.

In den Semesterferien arbeitete ich einige Tage lang für eine französische Firma auf einer Berliner Eisenbahnmesse. Züge haben mich noch nie sonderlich interessiert, aber abends fand ich mich plötzlich mit einem Glas Champagner in der französischen Botschaft wieder, an der Fensterfront mit Blick aufs Brandenburger Tor stehend.

In dem Moment wusste ich: Ob nackt am Strand oder im Anzug in der Botschaft, Studentenjobs sind Abenteuer, in denen es immer um mehr geht als nur den schnöden Zuverdienst!

Nicht nur Medizin

Nur eines vorweg, um keinen falschen Eindruck zu erwecken: Ich studiere gerne Medizin. Nicht nur das, ich nehme das Studium auch ernst. Ich habe damals angefangen mit der Idee, die Welt von Alzheimer zu befreien und ein guter Arzt zu werden. Die Ziele stehen.

Trotzdem studiere ich nicht nur Medizin. Ich definiere mich nicht ausschließlich über mein Studium. Ich sage nicht: »Hallo, ich heiße Moritz und studiere Medizin.« oder »Guten Tag, mein Name ist Moritz Wigand und ich bin Medizinstudent.« Es gibt eine Ausnahme. Wenn ich ein Praktikum mache und morgens ins Patientenzimmer komme, dann sage ich: »Wigand mein Name, ich bin Student und würde Ihnen gerne Blut abnehmen.« Soviel Wahrheit muss sein.

Gerade aber in der Prüfungszeit gibt es tausend Dinge neben dem Medizinstudium zu tun. Ich lege es nicht darauf an, aber ich unternehme auch nichts dagegen, wenn alle schönen Konzerte, die es zu besuchen gilt, und alle Gitarrenauftritte, die ich zu absolvieren habe, in den Januar und Februar fallen. Ein Kommilitone, mit dem ich viel lerne, war letztens ein bisschen frustriert. Wir waren eigentlich für das ganze Wochenende zum Lernen verabredet, ich aber bestand darauf, am Sonntagmorgen zu einer Matinée zu gehen, zu der man mich eingeladen hatte. Er verstand das nicht. »Wir haben in drei Wochen Prüfungen«, gab er zu bedenken. Ich zuckte die Achseln. Auf dem Programm standen Chopin und Liszt. Er setzte nach: »Du bist deutlich zu entspannt.« Ich fand ihn eindeutig zu unentspannt, was ich ihm nicht sagte. »Dann aber morgen Abend«, schlug er vor. Montags habe ich Gitarrenunterricht. Nie käme es mir in den Sinn, Bach und Rodrigo aufgrund nahender Prüfungen sitzen zu lassen.

Es stimmt, mit Hin- und Rückfahrt bin ich mehrere Stunden unterwegs. Danach fühle ich mich immer bestens. Auf der Fahrt lese ich meist. Hesse zum Beispiel, oder die Tageszeitung. In Berlin bekommt man immerzu kostenlos Zeitungen zugesteckt. Nie lese ich auf dem Weg zum Gitarrenunterricht etwas Medizinisches.

Auch lasse ich keine Stunde Studium generale in der Anglistik ausfallen. Nur die Dozentin weiß, dass ich Medizin studiere. Ich halte ein Referat über Joyce, beteilige mich an den Diskussionen. Irgendwann kommt das Thema auf Medizin. Geisteswissenschaftler kommen immer einmal im Semester auf Medizin. An dieser Stelle enthüllt die Dozentin meine wahre Identität. »Du studierst Medizin?«, fragen mich die Anglisten. »Auch«, sage ich und wende mich wieder dem irischen Schriftsteller zu.

Salut
Moritz!

Möchte man nach Frankreich gehen, ohne wirklich französisch zu sprechen, geht man am besten in die Unfallchirurgie, in der weder die Ärzte noch die Patienten viel zu sagen haben. So bin ich für dieses Praktikum nun in Reims in der Champagne, einer Stadt mit einer schönen Kathedrale, der Chagall mal ein paar blaue Fenster gemalt hat und vor deren Portal ein Stein liegt, auf dem sinngemäß steht, dass dort 1962 Charles de Gaulle und Konrad Adenauer die deutsch-französische Versöhnung besiegelten, um 10.02 Uhr. Diese präzise kleine Information hat mich milde verwundert, aber vielleicht bestanden die Deutschen darauf, die französische Verspätung im Protokoll in Stein zu meißeln. Trotz dieser großen Geste der Versöhnung warnten mich einige Deutsche vor meiner Abreise, die Franzosen seien unnahbar und schwierig, als Deutscher habe man es hier nicht leicht. Nach einer Woche wage ich zu behaupten, dass sie diesen Ruf nicht verdient haben!

Der Professor höchstpersönlich, betrübt, dass ich noch kein Arztzimmer hatte, verschaffte mir sofort Zugang zu seinem Büro, fragte jeden Mittag besorgt, ob ich denn schon gegessen habe, und abends, wie mein Tag gewesen sei und was er für mich verbessern könne. Das ist mir in Deutschland noch nicht passiert.

Trinkt man als Praktikant auf einer deutschen Station Kaffee, heißt es: Wer sind Sie eigentlich, was bilden Sie sich ein und überhaupt, haben Sie schon in die Kaffeekasse eingezahlt? Trinkt man auf einer französischen Station keinen Kaffee, heißt es: Möchtest du keinen Kaffee? Und wenn man wirklich keinen möchte, weil man schon drei hatte und langsam etwas zittrig wird, heißt es: Oder vielleicht einen Orangensaft?

Weiterhin grüßt mich das gesamte unfallchirurgische Team seit dem zweiten Tag mit Namen, Salut Moritz, sagen sie mit Betonung auf der zweiten Silbe. Das führt zu peinlichen Situationen, weil ich bisher nur die Namen von ungefähr drei Personen kenne, von denen ich die Hälfte unter ihren OP-Masken nicht wiedererkenne.

Eine andere Kuriosität ist, dass die Menschen hier tatsächlich zurücklächeln, wenn man sie anlächelt. Lächelt man in Deutschland eine junge Frau an, ist sie entweder so verschreckt, dass sie nicht schnell genug die Augen niederschlagen kann, oder sie schaut hart und böse zurück, weil sie sich in ihrer Weiblichkeit gekränkt fühlt. Ich gebe zu, es gibt einige Ausnahmen; ich vermute, sie stammen aus Familien, die zu Zeiten Napoleons einige französische Gene abgegriffen haben.

Neben den netten Chirurgen, den lächelnden Frauen und den blauen Kirchenfenstern sind hier die Croissants übrigens einsame Spitze, der Kaffee schmeckt gut, und worum ich viele Worte mache, das lässt sich eigentlich recht kurz auf den Punkt bringen:

Vive la France!

Immer
nur
Champagner

Wenn eines schon recht lange feststeht in meinem Medizinstudium, dann ist es die Tatsache, dass ich kein Chirurg werde. Ich habe großen Respekt vor diesen Menschen, die sich gut in der menschlichen Anatomie auskennen, schnell wichtige Entscheidungen treffen und den ganzen Tag und manchmal auch die Nacht ohne Nahrung und Toilettengang im OP stehen, für mich jedoch wäre es nichts. Trotzdem genieße ich mein Orthopädie- und Unfallchirurgie-Praktikum in Frankreich. Es ist eine interessante Erfahrung dabei zu sein, wenn Prothesen eingebaut werden, wenn gehämmert und gesägt wird. Ich habe schon viel gelernt: über die Chirurgie, über die Chirurgen und auch über die Patienten. Es kann dabei schon mal recht blutig zugehen, aber seit dem ersten Semester kippe ich nicht mehr um, oder, wie die Franzosen dazu sagen, »falle in die Äpfel«.

Man macht aber einen Austausch nicht nur wegen der Medizin, Blut ist ja bekanntlich nicht das einzige Lebenselixier, und so habe ich schon mindestens genauso viel während meines Aufenthalts in der Champagner-Hauptstadt über die Chirurgie wie über dieses edle Getränk gelernt. Ich kenne nun die Trauben, aus denen der Saft gepresst wird, die Vorzüge dieses Anbaugebietes, die verschiedenen Fermentationen, die Lagerung, die Zeichen eines guten Korkens und die eines schlechten, der im Jargon, etwas vulgär für dieses feine Getränk, als »Pferdepimmel« bezeichnet wird.

Ich habe als Freund die Keller eines winzigen Champagnerhauses in einem Dorf der Umgebung besucht, als Tourist die pompösen Keller eines Champagnerhauses mit internationalem Renommee und als Untermieter die Fabrik, die mein Gastvater gerade für ein Unternehmen mittlerer Größe baut. Dort gibt es keine geheimnisvollen Kellergewölbe mehr, etwas unromantisch findet der ganze Prozess überirdisch in vollklimatisierten Werkshallen statt.

Jeder hier ist im Champagnergeschäft, und das Getränk, anderswo Luxusprodukt zu besonderen Gelegenheiten, wird achtlos mit oder ohne Anlass getrunken.

Als ich in meinen Ferien nach Hause fuhr, drängten mich die jungen Ärzte, deutsches Bier mitzubringen. Wieder angekommen, stachen wir ein Fässchen an und einer der Ärzte leckte sich nach dem ersten Schluck die Lippen. Zufrieden seufzte er: »Das ist mal was anderes als immer nur Champagner!«

Die deutsche Modeseele

Es sollte ein ruhiges Wochenende werden. Meine französische Gastfamilie hat einen alten Landsitz, dem wir einen Besuch abstatten wollten, und nach einer Woche Unfallchirurgie freute ich mich darauf, ein wenig durch den Wald zu spazieren, frische Luft zu schnappen und Holz zu hacken. Letzteres hätte mich vielleicht schneller als gewünscht doch wieder in die Unfallchirurgie gebracht, aber es kam ohnehin alles anders: Meine Gastfamilie hatte vergessen, dass sie eigentlich dieses Wochenende schon vollkommen verplant hatte und doch nicht aufs Land fahren konnte (französische Terminkalender haben eher empfehlenden Charakter), und von meiner Mutter erfuhr ich, dass sie zeitgleich auf der großen Modemesse Prêt-à-porter in Paris arbeitete.

Seit die Strecke Reims-Paris des Hochgeschwindigkeitszugs TGV fertig gestellt wurde, ist es deutlich einfacher, von hier in 45 Minuten ohne Zwischenstopp zum Pariser »Gare de l'Est« zu fahren als innerhalb dieser Metropole von einem Ende zum anderen. Ich kaufte mir ein Ticket und tauchte am Samstagmorgen in die Welt der Mode ein. Ich war so fasziniert, dass ich die Kamera nicht aus der Hand legte. Auf der Herrentoilette hing über jedem Pissoir eine Reklame für Damenmode. Ich fand das bizarr und ästhetisch. Ich wollte gerade ein Foto machen, als ein Mann reinkam. Sichtlich irritiert fuhr er mich an: »Du willst mich doch nicht beim Pinkeln fotografieren!« Ich versicherte ihm, da müsse er sich keine Sorgen machen und erklärte ihm meine Absicht. Er schüttelte den Kopf – nicht jeder teilt meinen Sinn für Ästhetik.

Ich sah Modenschauen und unterhielt mich mit Mannequins. Sie stöhnten, es sei nicht einfach, den ganzen Tag auf den Füßen zu sein. Ich zeigte mich einfühlsam und sagte, in der Chirurgie sei es nicht anders. Wir einigten uns jedoch darauf, dass Chirurgen selten mit hohen Absätzen arbeiten.

Ich hielt mich Stunden in einer Abteilung junger Designer auf. Ich stellte fest, dass die Deutschen sich nicht verstecken müssen auf dem internationalen Modemarkt, dass die Italiener nach wie vor ungeschlagene Meister der Eleganz sind, dass die Briten eine komische Vorstellung von Mode haben, die Rumänen gerne etwas dicker auftragen und die Chinesen Fabriken bauen, die jedes Jahr Tausende von Tonnen Stoff ausspucken werden. Es war alles spannend und mir schwirrte der Kopf.

Irgendwann jedoch hatte ich das meiste einmal bestaunt und brauchte für Sonntag einen neuen Plan. Ich stellte mir vor, ich hätte eine Boutique und müsse eine Kollektion zusammenstellen. Ich fand einige sehr schöne schwarze Zweiteiler, zu denen es nun passende weiße Blusen zu finden galt. Fündig wurde ich bei einer in London lebenden Asiatin, die aufregende Mode produzierte. Auch sie war ganz aufgeregt, einen Deutschen am Stand zu haben. Sie kannte den deutschen Markt überhaupt nicht und wollte sich nun ein Bild der deutschen Mode-seele machen, indem sie mich zu all ihren Stücken befragte. Ich gab meine Meinung ab und sie zeigte sich entzückt, mit einem »Experten« zu sprechen. Und hier fingen Realität und Fantasie an, sich auf ungewollte Weise zu vermischen. Ich fragte sie nach der Visitenkarte ihres Unternehmens und sie wollte meine haben. Ich erfand eine einleuchtende Geschichte, dass ich gerade eine Boutique in Berlin verkauft und meine neue in Ulm noch nicht eröffnet hätte. Zumindest meine Mail-Adresse könne ich ihr doch geben? Das tat ich. Und die Telefonnummer? Schlechten Gewissens fügte ich absichtlich einen Zahlendreher ein. Ich müsse mich nun weiter umschauen, ich sei gerade erst gekommen, log ich. Sie freue sich, mich später wieder zu sehen, damit ich bei ihr ordere. Vor ihrem geistigen Auge schickte sie schon paketeweise Ware nach Deutschland.

Ich verließ winkend den Stand. Vielleicht ein wenig fluchtartig. Gut fühlte ich mich dabei nicht.

Studentenleben in Holland

Ich absolviere zurzeit ein Praktikum der Chirurgie in Frankreich. Die Franzosen nehmen alles etwas gemütlicher und so fragte mich letztens der Professor im Umkleideraum zum OP in einem beiläufigen Ton, ob ich zwei Wochen im Februar Ferien nehmen möchte. Überrascht sagte ich, ich werde es mir überlegen. Ich überlegte lang und hart und fand beim besten Willen nichts, was dagegen sprechen könnte. Im Gegenteil ist es an der Zeit, dass ich endlich mal meine Doktorarbeit zu Ende schreibe. Auf der anderen Seite war auch seit langem ein Besuch bei meiner Schwester überfällig, die in Holland studiert.

Ich war gespannt auf das niederländische Studentenleben. Ich kaufte ein Zugticket und kam spätabends in der kleinen Studentenstadt an, die ein Parkhaus für Fahrräder vor dem Bahnhof hat. Meine Schwester holte mich mit dem Fahrrad ab, und ich fuhr sie, seitwärts auf dem Gepäckträger sitzend, nach Hause. So bewegt man sich dort fort. Es gibt genug Studenten, die auch zwei Freunde auf dem Fahrrad mitnehmen, und meine Schwester hat letztens einen Schrank quer durch die Stadt transportiert.

Wir fuhren viel Fahrrad in den nächsten Tagen. Nicht selten landeten wir fast im Straßengraben, weil meine Schwester mir vom Gepäckträger aus zeigte, wo nette Bars sind oder Freunde von ihr wohnen.

Die Stadt wimmelt derart von Studenten, dass in einer Partynacht die Innenstadt voller ist als eine Fußgängerzone im Schlussverkauf – und ich weiß, wovon ich rede, denn seit Weihnachten sind die Franzosen im Schlussverkauf auf kontinuierlicher Schnäppchenjagd.

Einen Abend gingen wir mit ein paar Freundinnen meiner Schwester ins Kino. Eigentlich war Ladies Night und ich hatte schon Sorge, nur mit einer scharfen Rasur und Mascara eingelassen zu werden, aber es klappte auch so. Danach quatschten wir übers Studium in Holland. Eine Physiotherapie-studentin erzählte, am ersten Tag hätten sich die Studentinnen und Studenten gegenseitig ausziehen und Klamotten tauschen müssen, um Hemmungen abzubauen. So ein Praxisbezug fehlt in Deutschland manchmal...

Ich hörte von den geheimnisvollen und furchtbaren Initiationsriten der niederländischen Studentenver-bindungen, durch die holländische Studenten fast immer ein Semester länger brauchen.

Einen Tag fuhren wir nach Den Haag. Ich nahm meiner Schwester weltmännisch den Stadtplan aus der Hand und schaffte es, ihr in einer halben Stunde die hässlichsten Ecken der Stadt zu zeigen. Danach zeigte sie mir ohne Plan und nur mit weib-licher Intuition die schönen Seiten.

Ich hatte Spaß und lernte viel Neues kennen. Es stört mich kaum, dass die Doktorarbeit immer noch nicht ganz fertig ist.

Ratlos in Berlin

Vier Monate habe ich nun in Reims gewohnt, dieser beschaulichen Stadt in der Champagne. Reims ist als Stadt so bescheiden wie beschaulich, sodass die wenigsten Leute wissen, welch wichtige Rolle sie in der europäischen Geschichte gespielt hat: Könige wurden in ihrer Kathedrale gekrönt, das Nazi-Regime unterschrieb dort nach dem zweiten Weltkrieg die bedingungslose Kapitulation, später wurde die deutsch-französische Versöhnung dort besiegelt. Das merkt man der Stadt nicht an, wenn man in einem Café sitzt und die Leute vorbeischlendern sieht.

Inzwischen bin ich zurück in Berlin, einer Stadt, die größer ist, weniger beschaulich und auch verrückter. Am ersten Abend, mein Vater hatte mich mit all meinem Gepäck nach Berlin gebracht, trug ich gerade die letzten Sachen aus dem Auto in den Hausflur, als eine junge Frau meines Alters mit mir hineinging, dann jedoch verwirrt stehen blieb. »Falsches Haus?«, fragte ich hilfsbereit. »Und du?«, kam die etwas merkwürdige Antwort zurück. Ich sei richtig, versicherte ich ihr. Sie sagte nichts und machte keine Anstalten zu gehen. Ich hatte in einer

Hand zwei Champagnerflaschen, in der anderen ein zweibändiges Psychiatriebuch und wusste nicht, was ich tun sollte. Ich trug erst einmal die Sachen hoch und sagte zu meinem Vater: »Da unten im Flur ist eine junge Frau, die sich komisch verhält, bizarre Antworten gibt und mein Psychiatrie-Praktikum beginnt doch eigentlich erst morgen!« Wir gingen runter und ich redete ein wenig mit ihr. Als ich sie fragte, ob ich Hilfe holen sollte, trollte sie sich. Ich sah keine Anzeichen für Fremd- oder Eigengefährdung und keinen Grund, ihr hinterherzulaufen oder einen Krankenwagen zu rufen.

Diese kleinen Momente der Hilflosigkeit gibt es auch noch im Praktikum, aber sie werden weniger. Schließlich bin ich dort zum Lernen und es gibt ständig einen Arzt, dem ich Fragen stellen und bei dem ich mich rückversichern kann. Prinzipiell ist es im Krankenhaus wie im wahren Leben, je unverkrampfter und natürlicher man ist, je mehr man alle großen Theorien über Gesprächsführung vergisst, desto wohler fühlt man sich selbst und der Patient mit einem.

Der letzte große Moment der Hilflosigkeit ereilte mich nicht in der Psychiatrie, sondern im Landesprüfungsamt. Bei der personifizierten Karikatur einer Bürokratin musste ich mir meine Zeit in Frankreich anerkennen lassen. Ich hatte mir den Universitätsstempel beim Dekan persönlich geholt. »Das ist aber kein Universitätsstempel!«, sagte sie sofort. »Der ist viereckig und nicht rund, wie ein Universitätsstempel sein soll. Sechseckig lasse ich noch gelten. Außerdem fehlt die Unterschrift des Professors.« Ich zeigte ihr, dass die professorale Unterschrift lediglich neben die Linie gerutscht sei, und versicherte ihr, dass Universitätsstempel nicht immer und in allen Ländern rund seien. Sie schien nicht überzeugt. Als ich ihr Büro verließ, sagte sie: »Sie hören von mir.« Es klang wie eine Drohung.

Ich sah mich schon das gesamte Praktische Jahr wiederholen.

Gestern kam ein Brief vom Landesprüfungsamt. Sie hat mir meine Zeit in der Champagne doch anerkannt, mit eckigem Stempel. Ich köpfte erst einmal eine Flasche Champagner!

Die eingebildeten Kranken

Nicht selten kommt man als Medizinstudent nach Hause und ist wirklich fasziniert von dem, was man über den Tag gelernt hat. Vor dem Studium dachte ich über Knochen – also eigentlich hatte ich mir nie wirklich Gedanken darüber gemacht, aber ich hatte eine vage Idee –, dass sie unbelebte Materie sind und nur dazu da, dem Menschen Halt zu geben. Weit gefehlt. Knochen sind lebendig, im ständigen Auf- und Abbau begriffen, passen sich den Druck- und Zugkräften an, denen sie ausgesetzt sind, bilden den größten Kalziumspeicher des Körpers, beinhalten blutbildendes Knochenmark, kurzum: Knochen sind ein faszinierendes Gewebe.

Ganz zu schweigen vom Gehirn. Kaum zu glauben: Es gibt tatsächlich Milliarden von Nervenzellen, von denen jede einzelne Hunderte bis Tausende Verbindungen mit anderen Nervenzellen eingeht. Und alle Strukturen finden auf dem Weg von der befruchteten Eizelle zum fertigen Menschen mehr oder weniger an ihren Platz. Geradezu unvorstellbar.

Manchmal liege ich abends im Bett und frage mich kurz vor dem Einschlafen, wenn sich dieses wohlige

Gefühl der müden Leere im Kopf einstellt, wie es kommt, dass wir bewusst so wenig von all diesen ständig ablaufenden unübersichtlichen Reaktionen, die unseren Körper ausmachen, mitbekommen.

So erstaunlich der funktionierende Körper ist, so beängstigend kann das Studium seiner Krankheiten sein. Da nimmt es nicht Wunder, dass viele Medizinstudenten zur Hypochondrie neigen.

Ein guter Freund erwachte im ersten Semester – wir lernten gerade Grundlegendes über den Bewegungsapparat – mitten in der Nacht in der festen Annahme, der Innenmeniskus seines linken Knies sei kaputt. Seitdem fragt er sich, ob er nicht eine Kernspinuntersuchung vom Knie machen lassen sollte, die ihm das Gegenteil beweist. Eine Kommilitonin bekam pünktlich zu dem Semester, in dem wir das Ohr durchnahmen, einen Tinnitus, der seitdem ihr treuer Begleiter ist. Erläutert der Dozent im Seminar die Symptome einer Krankheit, hört man es aus irgendeiner Ecke tuscheln: »Das kenne ich auch.« Geht es um Blinddarmentzündungen, haben alle Bauchschmerzen, lernt man etwas über Läuse und Flöhe, dauert es nicht lange, bis sich alle am ganzen Körper kratzen.

Vielleicht hat man tatsächlich nicht richtig Medizin studiert, wie einige Leute behaupten, wenn man während des Studiums nicht mindestens vierhundert Erkrankungen durchgemacht hat.

Der
Misanthrop

Als angehender Mediziner sollte man die Menschen lieben und sich hingebungsvoll für sie aufopfern wollen. Nun ja, das trifft ja alles in allem bei mir auch zu. Aber ich muss zugeben, in Menschenansammlungen werde ich zum Misanthrop. Ungern stehe ich dicht gedrängt, Leib an Leib, in einer vollen Straßenbahn. Und wenn es zusätzlich noch regnet, fühle ich mich wie in einem Rudel begossener Pudel, verzeihen Sie mir den Vergleich. Ich meide Massenveranstaltungen, ich spüre kein erhebendes Gefühl, in einem Stadion mit tausenden Menschen gleichzeitig zu grölen.
Jedoch lässt sich die Menschenmasse nicht ganz vermeiden, wenn man sich nicht vollständig der Einsiedelei hingeben möchte. Ich war letztens mit meinen Eltern, die zu Besuch waren, in der Neuen Nationalgalerie, in der unter dem frechen Motto »Die schönsten Franzosen kommen aus New York« Impressionisten gezeigt werden, die sonst im Metropolitan Museum hängen. Wenn die Kunst zum Event wird, schieben sich die Massen. Zuerst war ich genervt. Ich ließ mich von Bild zu Bild schieben und fand nicht die nötige Ruhe, mich auf die Kunst

einzulassen. Ich wollte die Sonnenblumen in Monets berühmtem Strauß zählen – mir war so, als hätte man uns in der Schule erzählt, es seien 18, aber ich kam immer auf 16 oder 17, ständig wurde ich abgelenkt. Ich wollte einen Stift zücken und die Blumen wegstreichen, die ich schon gezählt hatte, aber ein streng schauender Wärter ließ mich von dieser Idee Abstand nehmen.

Dann kam mir die zündende Idee. Ich machte aus der Not eine Tugend und betrachtete nicht die Bilder sondern die Leute. Ich sah die Frau mit der extravaganten Kopfbedeckung und der bunten Kleidung, die eifrig in ein Heftchen kritzelte. Sicherlich eine Künstlerin oder eine, die es werden wollte. Ich sah die Gruppe aus dem Rheinland und wäre um ein Haar hingegangen, um jovial zu sagen: »Na, wie isset? Extra anjereist?« Ich fühlte mich alles in allem wie der Gastgeber, der zufrieden seine Gäste betrachtet, die sich zufrieden seine Bilder ansehen. Das gleißende Sonnenlicht am Ausgang holte mich aus meinen Tagträumen zurück. Zu Hause packte ich die Kühlschrankmagnete aus, Miniaturen der Impressionisten, die meine Eltern mir als Souvenir gekauft hatten. Ich setzte mich vor meinen Kühlschrank und arrangierte meine Gemälde. Ich beachtete das Licht und die Wirkung im Zusammenhang zueinander. Ich schob hierhin und dorthin. Hier endlich war ich der Kurator meiner eigenen Ausstellung.

Der Philanthrop

Das Leben wird doch erst spannend durch die Mitmenschen. Natürlich, auch Robinson erlebte einige Abenteuer ganz alleine auf seiner einsamen Insel, aber irgendwie war er doch ganz froh, als Freitag kam und er seine Erlebnisse teilen konnte. Das war natürlich auch ein interkultureller Austausch. Ich war vergangenes Wochenende von einem Freund nach Hamburg zur Eröffnung einer deutsch-französischen Gesellschaft eingeladen. Besser gesagt: Deren jugendlichem Ableger Club Cluny, weil der Muttergesellschaft, nach dem Krieg zur Völkerverständigung gegründet, langsam die Mitglieder wegsterben. Erfahrungsgemäß halten solche Treffen immer die interessantesten Leute bereit. Der DJ erzählte, er sei als Schüler, als ihm Deutschland zu langweilig wurde, nach Südafrika gegangen. Dort machte er seinen Schulabschluss und wurde auf Reisen durch Afrika zweimal gekidnappt.

Auf dem Heimweg, es wurde gerade hell über Hamburg, begleiteten wir noch eine junge Französin zur U-Bahn. Sie hatte die Nacht durchgetanzt und der Freund, der mich eingeladen hatte, fragte sie besorgt, mit Blick auf das Kopfsteinpflaster:

»Geht das noch in deinen hochhackigen Schuhen?«
Sie sah ihn lässig an und sagte: »Ich bin Französin, ich habe kein Problem mit Schuhen.« Wir waren
beeindruckt. An der U-Bahn fragte ich sie, ob sie
gut nach Hause komme. Nun sah sie mich lässig an
und sagte: »Ich habe schon in Brooklyn gewohnt,
da bin ich auch immer gut nach Hause gekommen.«
Von solchen Leuten, von solchen Sprüchen war
mein Wochenende geprägt. Am Sonntagabend war
ich zurück in Berlin und wartete auf meine Straßenbahn, um nach Hause zu fahren. Viel interessanter
versprach das Wochenende nicht mehr zu werden,
als ein Fahrradfahrer die Schienen entlanggefahren
kam, anhielt und zu mir herüber rief: »Wie greift
man A7?« Ich war verwirrt und dachte erst an eine
Autobahn. Dann fiel mir auf, dass meine Gitarre
neben mir stand, merkte, dass er einen Akkord
meinte, und machte meine Finger krumm in der
Luft. Er sah sich das aufmerksam an und sagte:
»Du spielst ein G dazu!« »Das ist dann die Sieben«,
stellte ich fest. Darauf tippte er auf seinen gelben
Fahrradrahmen und erklärte: »Das ist für die Sino-
logie.« Hier hatte ich endgültig den Faden verloren.
Ich nickte. Er fuhr weg (der Straßenbahn entgegen)
und rief mir über die Schulter noch einiges zu. Es
schien mir alles wichtig zu sein, aber das berühmte
Orakel von Delphi war einfacher zu deuten.
Also lehnte ich mich zurück und ließ mir den Rest der
Abendsonne ins Gesicht scheinen. Ich habe immer
ein Taschenmesser dabei, um mich zur Not auf einer
einsamen Insel durchschlagen zu können. Aber ich
fühle mich ganz wohl unter Leuten. In Hamburg zum
Beispiel, oder in Berlin. Das hält eine gewisse Span-
nung bereit.

Kaffeehandel

Ich studiere gerne Medizin. Ich gehöre nicht zu den Leuten, die Medizin studieren, weil ihre Eltern Mediziner sind (meine sind es nicht), weil sie gute Schulnoten hatten (obwohl meine nicht schlecht waren) oder weil sie reich werden wollen (das ist heute eher unwahrscheinlich). Ich studiere auch nicht Medizin, weil ich weiße Kittel besonders kleidsam finde (obwohl sie es sein können), weil ich Krankenschwestern besonders sexy finde (nicht mehr oder weniger als Bäckerinnen oder Richterinnen) oder weil ich den Geruch von Krankenhäusern mag (alles in allem denke ich zum Beispiel, dass Förster von deutlich besseren Gerüchen umgeben sind).

Ich studiere Medizin aus Interesse und aus dem diffusen Gefühl, einmal etwas Gutes damit anstellen zu können. Ja, vielleicht auch zu forschen und das ein oder andere kleine Rädchen ein Stück weiterzudrehen. Das klingt nun wohl alles ein wenig idealistisch und abgegriffen, ein wenig nach Träumer, ein wenig so, als würde mir die Realität mal eine ordentlich blutige Nase schlagen. Man wird sehen, sage ich, bis dahin jedoch ist es so und ich lasse mir die gute Laune nicht verderben.

Trotzdem kommen einem manchmal kurz vor dem Einschlafen komische Ideen in den Kopf. Ich würde gerne einmal den Atlantik in einem Segelboot überqueren. Dazu muss ich sagen, dass ich nicht segeln kann. Das macht nichts, schließlich gibt es den Uni-Sport und den Wannsee, und irgendwie muss jeder einmal anfangen.

Nun bin ich von Natur aus ein Mensch, der gerne das Angenehme mit dem Nützlichen verbindet, und fände es vielleicht komisch, ohne Aufgabe über den Atlantik hin- und herzudümpeln. Nicht, dass ich diese Leistung an und für sich schmälern möchte! Ich dachte aber (wie gesagt, kurz vor dem Einschlafen), es gäbe sicherlich einen Markt dafür, biologisch angebauten und fair gehandelten Kaffee aus Südamerika CO_2-neutral über den Atlantik zu bringen. Ich kenne viele Leute, die ein kleines Vermögen dafür ausgäben, nur um sich ein reines Gewissen am Frühstückstisch zu erkaufen.

Ich schreibe das nur, falls Sie mich eines Tages zufällig mit einem nach Kaffee duftenden Segelboot in den Hamburger Hafen einlaufen sehen – vielleicht heißt das Boot *Charité*, oder besser noch *Humboldt* –, damit Sie dann wissen, dass der Staat mit meiner Ausbildung einen Haufen Geld in den Sand gesetzt hat. Oder über Bord geworfen, wie man will.

Das ist aber eher unwahrscheinlich. War nur so ein Gedanke...

Flirten auf Italienisch

Auf einer Ecke unweit des Virchow-Klinikums in Berlin befindet sich ein kleiner italienischer Laden. Er ist so unscheinbar, dass ich ihn erst kürzlich entdeckte. Drinnen läuft immer diese italienische Popmusik, in der ein leicht melancholischer Sänger mit schmalziger Stimme seine Angebetete besingt, die in der Regel Laura oder Giulia heißt. In Regalen stehen Weinflaschen, in einer Auslage liegen Antipasti und andere Delikatessen und auf Nachfrage bekommt man göttliche belegte Ciabatte.

Letztere sind der Grund, warum sich zur Mittagszeit regelmäßig Straßenarbeiter und Ärzte, Studenten und Patienten, Doktoranden und Passanten dort einfinden und manchmal bis auf die Straße Schlange stehen. Sie werfen sich verschmitzte Blicke zu, die besagen, dass sie für heute der Mensa, dem Krankenhausessen, der Kantine oder einfach der Dönerbude an der nächsten Ecke entkommen sind. Die meisten lassen sich ihre belegten Brote in eine Tüte einpacken und verschwinden sofort wieder.

Ich empfehle, sich an den einzigen kleinen Tisch zu stellen, sein Ciabatta dort zu essen und dem Treiben ein wenig zuzuschauen. Man kann Kollegen beobachten, die ungezwungen miteinander flirten, man kann den prallbäuchigen Italiener beobachten, der hartnäckig Italienisch mit seinen Kunden redet, und man kann beobachten, wie die meisten Kunden ebenso hartnäckig auf Deutsch antworten. Es gibt aber auch den nordisch aussehenden Arzt, der seine Rechnung akzentfrei auf Italienisch bestellt und den Betrag großzügig aufrundet, weil er hier immer so gut Italienisch lerne. Ich für meinen Teil versuche meist tapfer, mein Urlaubsitalienisch anzuwenden, was den Eigentümer dazu verleitet, mich mit einem melodiösen Wortschwall zu überschütten, von dem ich weniger als ein Viertel verstehe. Dann geht der erste Ansturm vorbei, wir sind beide noch ein wenig außer Atem von dem italienischen Inter-mezzo und es ist Zeit, in Ruhe einen Espresso und ein kleines Süßgebäck zu bestellen. Der Kaffee ist vorzüglich und der schmalzige Sänger singt immer noch von der Liebe.

Wenn ich dann wieder auf die Straße trete, fühle ich mich grundsätzlich wie nach einem italienischen Kurzurlaub.

Kleine Kittelkunde

Ärzte tragen weiße Kittel, zumindest die meisten. Junge Chirurgen laufen gerne in ihren grünen oder blauen OP-Klamotten über den Campus, das ist natürlich cooler und schindet Eindruck bei den Studentinnen.

Auch wir angehenden Mediziner werden früh ans Kitteltragen herangeführt, das beginnt im ersten Semester mit der Anatomie. Daran merkt man, dass ein weißer Kittel nicht per se hygienisch sein muss, man kann nur hoffen, dass alle Studenten einen Kittel für die Anatomie und einen gesonderten für die Praxis oder Klinik haben. In den ersten Semestern sieht man die Studenten, die nicht mehr zu Hause wohnen, oft mit babyblauen oder rosa Kitteln. So lernt man, dass es einen Unterschied zwischen heller und dunkler 60°-Wäsche gibt.

In einem Praktikum in Amerika war ich sehr erstaunt zu erfahren, dass die Studenten an diesem Klinikum in Mississippi kurze Kittel tragen, alberne kleine Dinger, die eher wie Hemdchen aussehen. Erst wenn die Studenten richtige Ärzte geworden sind, dürfen sie sich in einer großen Zeremonie das erste Mal einen echten Kittel anziehen. Ich war mit meinem langen deutschen Kittel, der zudem anders geschnitten ist als die amerikanischen, eine Ausnahmeerscheinung. Er war meine Eintrittskarte in alle Veranstaltungen, vermutlich hätten sie mich noch zur Chefarztkonferenz durchgelassen. Im Aufzug sprachen mich häufig wildfremde Menschen an: »Schöner Kittel.«

Die Briten sind eine Ausnahme: Statt Kitteln tragen sie Krawatten, die ständig in Wunden hängen und Keime übertragen. Da sind Kittel doch hygienischer.

Am Montag fängt für mich ein Chirurgie-Praktikum an. Auf der Liste steht neben der Station, der ich zugeteilt bin, als Teilnahmevoraussetzung: »Erscheinen auf der Station um 7 Uhr, gebügelter Kittel.« Ich war indigniert. Ich bügle immer meinen Kittel! So stellte ich mich auch diesmal hin und fing an zu bügeln. Erfahrungsgemäß wird ein Kittel glatter, wenn man beim Bügeln Beethoven hört, und so schallte die 5. Symphonie durchs Zimmer. Auf einmal stieg Rauch auf. Ich nahm das Bügeleisen sofort vom verbrannten Kittel, aber der Rauch stieg weiter auf, aus dem Bügeleisen. Der Geruch erinnerte mich aufs Unangenehmste an den Tag, an dem ich die Hauptstromleitung angebohrt hatte beim Versuch, einen Haken für meine Garderobe zu befestigen. Ich trug das rauchende Bügeleisen in ein anderes Zimmer, öffnete das Fenster und schloss die Tür.

Morgen hole ich einen neuen Kittel. Und ein neues Bügeleisen. Und dann wird gebügelt. So leicht lasse ich mich nicht entmutigen. Sollen die Chirurgen mal sehen!

Meine kleine Schwester

Meine Schwester ist sechs Jahre jünger als ich. Das ist ein nicht zu verachtender Altersunterschied, wenn man bedenkt, dass ich schon zur Schule ging, als sie geboren wurde, und dass ich immerhin den Türrahmen mit beiden Händen von innen berühren konnte, als sie noch kein laufender Meter war. Das ärgerte sie maßlos, und man fand mich nicht selten auf diese Art und Weise lässig in der Tür unseres Kinderzimmers lehnend, leicht von oben herab grinsend. Ich hatte bereits zwei Jahre Gymnasium hinter mir, als sie mit Schultüte und Zöpfen eingeschult wurde, und an dem von ihr lang ersehnten Tag, an dem sie auch aufs Gymnasium gehen konnte (ohne Zöpfe), packte ich gerade meine Koffer, um das elfte Schuljahr in Amerika zu verbringen.

Inzwischen relativiert sich dieser Altersunterschied jedoch auf bedenkliche Weise. Meine Schwester studiert mittlerweile im Ausland und reist mit großer Selbstverständlichkeit durch die Weltgeschichte, und so kam es, dass ich sie letztens in Spanien besuchte, wo sie in den Ferien jobbte und

---

einen grandiosen Sommer verbrachte. Dort wurde ich von ein, zwei ihrer Freunde für den kleinen Bruder gehalten. Okay, vielleicht waren es drei, aber nicht mehr! Das ist nicht lustig, ich kann das alles erklären. Sie bewegte sich seit Wochen mit Leichtigkeit unter den Leuten, ich sprach kein Wort Spanisch und war eindeutig Anhängsel. Das ist eine Ausnahmesituation, da ist so was doch selbstverständlich!

Während ich dennoch etwas perplex war, hatte sie diesen Tag natürlich schon als Vierjährige in einem Familienbild antizipiert, in dem sie mich ungefähr halb so groß malte wie sich selbst.

Auch in der Uni holt sie langsam auf. Ohne dass ich mir vorwerfen müsste, getrödelt zu haben, dauert so ein Medizinstudium plus einem Jahr Zivildienst natürlich seine Zeit, und so kommt es, dass ich noch nicht fertig bin und meine Schwester fast schon die Zielgerade ihres Bachelor-Studiengangs sehen kann.

Inzwischen rückt aber auch für mich das Examen in greifbare Nähe, was ich nur eingeschränkt lustig finde. Dazu muss man wissen, dass das medizinische Staatsexamen noch nie ein Spaziergang war, bis vor anderthalb Jahren aber wenigstens gnädigerweise drei Anteile zu verschiedenen Zeiten des Studiums hatte. Damit ist nun Schluss, alles ist zusammengelegt, offizielle neue Bezeichnung: Hammerexamen. Es gibt auch Hammerzehen und Hammerhaie, beide rufen keine angenehmen Assoziationen hervor. Keiner weiß so recht, was auf uns zukommt, die Statistik ist miserabel und die Stimmung könnte besser sein.

Aber ich will mich nicht beklagen. Meine kleine Schwester lernt im Moment für Fächer mit Namen wie »Financial Accounting« und »International Business Law II«. Dagegen klingt Hammerexamen in meinen Ohren geradezu freundlich.

Haare aus medizinischer Sicht

Man soll ja nicht so auf Äußerlichkeiten achten. Trotzdem finde ich die Betrachtung der Haare meiner Mitmenschen äußerst spannend. Die meisten von ihnen treffen mit ihrer Frisur, bewusst oder unbewusst, eine Aussage.

Nehmen wir meinen Freund mit Rasta-Locken. Er ist ein entspannter Typ und möchte mit seiner Frisur in etwa zum Ausdruck bringen: »Ich war letztens in Brasilien, habe viel gesehen und getrommelt, war echt cool da. Und ich bin auch ein bisschen gegen's Establishment.« Hier sitzt er nun im Mauerpark und trommelt weiter, wenn das Wetter gut ist. Oder nehmen wir jemanden mit einem Irokesenschnitt. Er war vermutlich nicht kürzlich zu Besuch bei den Indianern Nordamerikas, aber er ist ganz schön heftig gegen's Establishment. Meine Kommilitonen, die Glatze tragen, treffen damit übrigens keine politische Aussage. Ihnen sind einfach die meisten Haare von alleine ausgefallen, und bei den wenigen, die übrig geblieben sind, helfen sie nun mit dem Rasierer nach, rein aus modischen Gründen. Manchmal trifft man Leute in der U-Bahn, bei denen man sich da nicht so sicher sein kann.

In Berlin gibt es natürlich einen Friseur für jeden Geschmack. Hier gibt es hoch gelobte Edelfriseure, die auch Politikern und durchreisenden Popstars die Haare schneiden. Sie haben spartanisch eingerichtete Salons und sitzen in aufstrebenden Stadtteilen wie Mitte oder Prenzlauer Berg. Viel häufiger sind solche des unteren Preissegments. »Schneiden, Färben, Haarverlängerung, alles ein Preis«, ist mit einem Lippenstift von innen ans Fenster geschrieben. Ein Freund kam letztens von einem Friseur der zweiten Kategorie und verkündete stolz: »Ich habe nur fünf Euro bezahlt.« Er war der Ansicht, er habe ein Schnäppchen gemacht. Ich hingegen war der Ansicht, er habe einen Unfall mit einem Rasenmäher gehabt, was ich ihm auch sagte. Es trübte seine Stimmung nicht, er ist da nicht empfindlich.

Ein alter Klassiker unter Studenten ist der Out-of-bed-look. Man möchte meinen, der entstehe automatisch, wenn man verschlafen aus dem Bett kriecht. Dem ist nicht so. Vielmehr muss man die Haare mit dem Föhn, viel Mühe und genügend Haarwachs in den gewünschten Grad der Unordnung bringen. Ich spreche aus Erfahrung.

Neben aller Eitelkeit sind Haare aber auch aus medizinischer Sicht interessant: Fallen sie aus? Sehen sie gesund aus oder spröde? Wachsen sie dort, wo sie nicht hingehören? Aus all diesen Informationen kann man Aussagen über bestimmte Krankheiten, die Ernährung und den Hormonhaushalt stellen. Haare und Nägel sind wichtig. Mediziner kennen Uhrglasnägel und Bauchglatzen. Eigentlich achte ich gar nicht auf Äußerlichkeiten. Eigentlich ist das alles medizinisches Interesse!

Das gelungene Praktikum

Meldet man sich als Medizinstudent zum Staatsexamen an, hat man unzählige Praktika hinter sich: ein dreimonatiges Pflegepraktikum, vier Monate Famulaturen, mehrere Blockpraktika, ein bis zwei Forschungspraktika und zum Schluss das Praktische Jahr. Studenten anderer Fachrichtungen unserer Generation Praktikum geht es da nicht anders. Nun ist unter all diesen Praktika immer eins im Winter dabei auf einer Station, die um 6.30 Uhr beginnt und am anderen Ende der Stadt liegt. Und in diesem einen Praktikum gibt es möglicherweise ein oder zwei Tage, an denen man um fünf Uhr nicht voller Motivation aus dem Bett springt und jauchzend zur Straßenbahn läuft. Um auch dieses Praktikum angenehm zu gestalten, hier drei allgemeine Hinweise, wobei mit Arzt immer auch Ärztin gemeint ist und umgekehrt.

Die erste Regel ist einfach und lautet: Verlieb dich in deine Stationsärztin. Schon die Beachtung dieser grundlegenden Regel erleichtert das Aufstehen durch Vorfreude auf den Kliniktag erheblich. In seltenen Fällen ist die Stationsärztin unansehnlich oder gemein, aber meist sind junge Mediziner nette,

---

hübsche Menschen. Studentinnen sei gesagt, dass es eine Studie gibt, die Chirurgen als die größten und hübschesten Ärzte nennt, aber Chirurgen sind Tag und Nacht im OP und fühlen sich ständig wie die besten Ärzte und die coolsten Typen, was auf die Dauer anstrengend wird.

Zweitens: Verbrüdere dich mit deinem Stationsarzt. Er ist vollkommen überarbeitet und braucht einen Partner beim Blutabnehmen und eine Schulter, an der er sich ausweinen kann über die schlimmen Arbeitsbedingungen, den fiesen Chefarzt und seine Beziehung, die gerade in die Brüche geht. Hat man den Stationsarzt zum Kumpel, sieht die Welt schon ganz anders aus.

Bleibt noch der Chefarzt. Hier gibt es vier Typen. Der unsichtbare Typ macht nie Chefvisiten. Sollte eine mit ihm angesetzt sein, taucht er nicht auf, weil er auf einer Konferenz in Kanada ist. Der zweite Typ beschränkt die Kommunikation mit seinen Ärzten auf ein Minimum und ignoriert Studenten. Um diese beiden muss man sich nicht kümmern. Der dritte Typ ist gutmütig und macht gute Lehre. Ihn sollte man als Geschenk ansehen. Der vierte Typ ist Autokrat und herrscht seine Assistenzärzte an. Schon am Tag vor der Visite regieren Panik und Chaos. Studenten stellt er unangenehme Fragen mit dem einzigen Ziel, sie bloßzustellen. Ihm muss man Paroli bieten, schlagfertig sein und frech. Die Wahrscheinlichkeit ist groß, dass man der erste Mensch in über zehn Jahren ist, der ihn so behandelt. Entweder ist er beeindruckt oder er ist einem auf ewig böse. Das wäre nicht schlimm, weil man auf seiner Station ohnehin nie arbeiten will.

Beachtet man diese einfachen Grundregeln, wird jedes Praktikum zum Erfolg.

Reisen im 21. Jahrhundert

Reisen bildet, heißt es. Man lernt neue Leute kennen, stellt sich auf neue Situationen ein, wird weltoffener und flexibler, heißt es. Auslandsaufenthalte machen sich gut im Lebenslauf, sagt man. Meine Kommilitonen reisen wie die Weltmeister. Sie entgehen nur knapp Löwenattacken in Tansania und kommen mit Malaria wieder. Es gibt viele gute Gründe zu reisen, und die meisten von uns werden einen Teil ihres Praktischen Jahres im Ausland verbringen.

Auch ich habe mir vorgenommen, zwei von drei Teilen nicht in Berlin zu absolvieren und bin seit einem Jahr dabei, alles zu organisieren. Zuerst muss man natürlich wissen, wo man hin möchte. Hat man eine Entscheidung getroffen, sollte man in Erfahrung bringen, ob die Klinik anerkannt wird. Hier beginnt ein steiniger Weg. Ich dachte, es sei kein Problem, ein paar Tage früher als vorgesehen zu beginnen, um mich mit den Praktika im Ausland einzutakten. Das Landesprüfungsamt war nicht erfreut. Sie verwiesen mich ans Büro für das Praktische Jahr. Dort fühlte man sich nicht zuständig. Der Referatsleiter endlich, der hinzugezogen wurde, beruhigte mich: »Buchen Sie Ihren Flug«, sagte er väterlich. Die Frau für Prüfungsangelegenheiten jedoch schmiss um ein Haar alles über den Haufen, was die anderen Stellen gesagt hatten. Ich war kurz davor aufzugeben.

Die Professoren, an die man sich im Ausland wendet, antworten nur zum Teil. Manche schicken Absagen, andere schicken handschriftliche Kommentare, die kein Mensch entziffern kann, und wiederum andere antworten überhaupt nicht. Hat man die Zusage, muss man sich um Impfungen und Visa kümmern. Gestern war ich im Konsulat. Nachdem ich in Fragebögen schon (wahrheitsgemäß) angegeben hatte, dass ich mich nicht prostituiere, noch Zuhälter, Terrorist, Nazi oder Drogendealer bin, wurde ich immer noch wie ein Verbrecher behandelt. Man durchsuchte mich auf Waffen und nahm meine Fingerabdrücke.

Das Visum wird mir angeblich in den nächsten Tagen zugeschickt. Nun muss ich mich nur noch um Wohnungen kümmern, Nachsendeanträge stellen, Schlüssel nachmachen lassen...

Ich glaube, ich weiß, warum Auslandsaufenthalte sich gut im Lebenslauf machen. Es geht nicht um die Sprachkenntnisse. Vergessen Sie die Weltoffenheit. Kein Chef stellt jemanden ein, weil er eine Löwenattacke überlebt hat.

Mit einem Auslandsaufenthalt beweist man genau zwei Dinge: An Starrsinn grenzende Dickköpfigkeit und ein Organisationstalent, das einer Chefsekretärin würdig ist. Es tut mir leid. So unromantisch ist Reisen im 21. Jahrhundert.

Wieso
Bill Gates?

Da ärgert man sich also mit dem Konsulat herum, mit dem Landesprüfungsamt auch, fliegt über den Atlantik, kommt mit viel Verspätung und ohne Gepäck an, weil es über New York gewittert, beginnt sein Praktisches Jahr am besten Uniklinikum Amerikas, fährt mit flauem Gefühl im Bauch dorthin, um neue Erfahrungen zu sammeln, und denkt erst einmal so bei sich: »Ist doch alles wie zu Hause. Wofür der Stress?«

Wie jedes Uniklinikum ist der Gebäudekomplex ein architektonischer Härtefall. Alles fing einmal nett an, mit einem Backsteingebäude moderater Größe, hübsch anzuschauen. Doch dann fügte jedes Jahrzehnt sein neues Gebäude hinzu, immer größer, mit immer weniger Fenstern und ohne logische Verknüpfung zum Rest. Das Resultat ist, dass man Flure hinauf- und Flure hinunterrennt, nie so genau weiß, wo man sich eigentlich befindet, und manchmal sogar durchs Parkhaus gehen muss, um zum nächsten Gebäude zu kommen.

Wie zu Hause haben die stolzen Mitarbeiter keine Ahnung, wieso sie das beste Klinikum überhaupt sein sollen. »Die gute Organisation ist es sicher-

---

lich nicht«, hört man sie noch sagen, bevor sie im nächsten Flur verschwinden, unsicher, wo sie wieder auftauchen werden.

Wie immer im Leben sind es wohl die kleinen Dinge, die den großen Unterschied machen. Wie bewegt man sich ohne Auto in einem Land fort, in dem Benzin in Gallonen verkauft wird? »Natürlich haben wir Busse!« Meiner fährt ganz regelmäßig: dreimal morgens und dreimal nachmittags. Ich nehme den ersten und den letzten. Wenn ich den verpasse, muss ich auf einer Parkbank schlafen.

Amerikaner sind in aller Regel freundlicher, aber auch direkter. Ich kenne den Assistenzarzt keine drei Stunden, wir sitzen in der Mittagspause zusammen, da will er von mir wissen: »Und, verheiratet, Freundin? Stehst du eher auf Weiße, Schwarze oder Asiatinnen?« Ich verschlucke mich am Essen.

Wildfremde Leute hören, dass ich aus Deutschland komme, und rufen freudestrahlend: »Bill Gates?« Der kommt doch aus Amerika, denke ich, bis es mir dämmert: »Wie geht's?«, sollte das wohl heißen.

Ich sitze im Arztzimmer. Auf einmal wird ausgerufen: »Ein Anruf für Dr. Moritz auf 5-6748.« Ich grinse und will den Hörer abheben. Es sind fünf Telefone. Auf allen blinkt es, ich hebe alle Hörer ab, kein Anruf für mich. Atemlos hetze ich zu den Schwestern: »Ich bin Moritz Wigand, Austauschstudent aus Deutschland, und ich wollte fragen, wie man einen Anruf auf 5-6748 entgegennimmt.«

»Bill Gates?«

Es sind die kleinen Dinge, die den Unterschied machen ...

Der Grizzly
im
Krankenhaus

Die USA sind ein Land vieler Gegensätze, was es für den Besucher immer wieder interessant macht. Hier gibt es Spitzenforschung bei einem relativ schlechten Bildungsstand, hier gibt es braungebrannte Surfer und Extremsportler verschiedenster Disziplinen. Auf der anderen Seite entstehen große Gesundheitsprobleme durch Übergewicht und Fastfood, hier gibt es weitgereiste, weltoffene Menschen aus den Küstenstädten ebenso wie die Cowboys des Mittleren Westens und die Rednecks der Südstaaten, die selten ihr Dorf, geschweige denn ihren Staat oder ihr Land verlassen. Es ist ein Land ständigen Wechsels, großer Flexibilität, und gleichzeitig ein Land, in dem man sich sklavisch an kleine Regeln hält.

Ein Universitätsklinikum der Spitzenklasse stellt dabei einen Mikrokosmos dessen dar, was die Nation im Großen ist. Hier ist sie, die Spitzenforschung, betrieben von Leuten, die weiterdenken, nicht selten querdenken. Möchte ich jedoch abends nach Hause gehen, werde ich vom Türsteher zurückgepfiffen, wenn ich zufällig die Eingangstür als Ausgangstür benutzt habe. Zähneknirschend und unter Verwünschungen muss ich in die Eingangshalle zurückgehen, um nun durch die vorgeschriebene Tür das Krankenhaus zu verlassen. »Das ist lächerlich!«, sage ich zum Türsteher. »Ja«, antwortet er, nicht ohne Stolz, wie mir scheint.

In der Cafeteria möchte ich Chili mit Reis haben. Die Beilage kommt immer in ein extra Styroporschälchen. Als umweltbewusster Europäer bitte ich die Frau an der Essensausgabe, mir beides auf einen Teller zu geben. »Das kann ich nicht machen«, sagt sie, gestört in ihrem Ablauf, »ich muss den Reis in ein extra Schälchen geben.« Ende der Diskussion.

Die Ärzte halten sich an eine strikte Kleiderordnung: Ohne Krawatte geht es nicht. Dabei schreibt die Kleiderordnung aber nicht vor, dass die Krawatte auch zum Hemd passen muss. Oder dass man keine Schuhe mit zentimeterdicker Gummisohle dazu anzieht. Oder dass der Krawattenknoten nicht wie ein verunglückter Seemannsknoten aussieht. Hauptsache Krawatte!

Nicht genug der Gegensätze. Eines Morgens kommt mir ein Mann entgegen, der einen Bart trägt wie vor zweihundert Jahren. Der Bart passt zur Kleidung. »Komischer Kauz«, denke ich, als eine Frau mit schwerem schwarzen Kleid und weißem Häubchen um die Ecke biegt. Sie sehen aus wie Siedler aus der Zeit, als die Einwanderer sich noch gegen Grizzlybären verteidigen mussten. Ob ein Spitzenforscher eine Zeitmaschine erfunden hat, frage ich mich gerade und schaue mich um, ob noch ein Bär um die Ecke biegt, als mir der Assistenzarzt ins Ohr flüstert, dies seien amische Leute, die zu einem kleinen Volk gehören, das ohne den Fluch und Segen der modernen Zivilisation lebe. Ich schaue mich um und muss lächeln. Was für ein Land, denke ich abends beim Verlassen des Krankenhauses – durch die Eingangstür, der Türsteher schaut gerade in die andere Richtung.

Die Mittagspause

Manchmal spricht man zusammenfassend von den Europäern, ohne dabei die kulturelle Vielfalt der Menschen dieses Kontinents und die Mentalitätsunterschiede zwischen, sagen wir mal Briten, Italienern und Polen zu vergessen. Erwähnt man in ähnlicher Weise die Ärzte oder gar die Mediziner, weiß ich nicht, ob jedem so klar ist, welche Welten doch oft zwischen einem Chirurgen, einem Labormediziner und einem Psychiater liegen, um nur drei Beispiele zu nennen.

Dabei macht sich die Mentalität, wenn man denn so will, ganz gut beim Thema Essen bemerkbar. Als Medizinstudent hat man zwölf Semester Zeit, möglichst viel zu lernen und mit möglichst vielen Fachbereichen in Berührung zu kommen, was einem einen ganz guten Überblick gibt über den Menschenschlag, mit dem man es jeweils zu tun hat.

Ich bin zurzeit Praktikant auf einer Gastroenterologie und äußerst erstaunt, dass gerade die Ärzte, die sich den ganzen Tag mit dem Magen-Darm-Trakt beschäftigen, selbst weder frühstücken noch mittagessen. Auf die Spitze treiben es die Chirurgen. Dort verliert man sein Gesicht, wenn man Schwäche oder Hunger zeigt. Vielmehr ist es bekannt, dass Chirurgen sich damit brüsten, wie lange sie am Operationstisch stehen können, ohne einen Tropfen getrunken, einen Happen gegessen zu haben oder gar auf die Toilette gegangen zu sein.

Das kann nicht immer so gewesen sein. Ende des 19. und Anfang des 20. Jahrhunderts bestand ein reger medizinischer Austausch zwischen Japan und Deutschland, aus dem die japanische Medizinersprache noch einige Wörter zurückbehalten hat, so das Wort »Maagen« für eine Magenoperation und »Kuranke« für Patient. Die ärztliche Mittagspause hat in Japan einen eigenen Namen, nämlich »Essen«.

Wenn auch heute noch Ärzte gemeinsam essen, so sind das meiner Erfahrung nach die Neurologen; nicht weil sie weniger zu tun hätten, aber vielleicht einfach nur, weil sie wissen, was Unterzuckerung im Nervensystem bewirkt.

In meinem letzten neurologischen Praktikum war ich auf einer Station mit zwei Assistenzärztinnen. Die eine war jung, deutsch und noch etwas hektisch. Die andere war schon etwas länger dabei, deutlich entspannter und Französin. Ging es auf die Mittagszeit zu, so sagte die Deutsche (sie sprach sehr schnell): »Und dann müssen wir jetzt auch schnell was essen gehen.« Die Französin antwortete mit einem Lächeln und sagte in ihrem unverkennbaren Akzent: »Essen ge'en ja, aber nischt schnell!«

Klinik
Forschung
Lehre

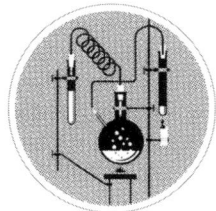

Wer als junger Arzt an einem Universitätsklinikum anfängt, sollte gut wissen, was auf ihn
zukommt. Wer als junge Ärztin dort anfängt, sollte
zusätzlich wissen, dass Kinderkriegen definitiv
nicht erwünscht ist. Die nächsten Jahre seines
oder ihres Lebens werden sich bewegen zwischen
Forschung, Klinik und Lehre. Erfahrungsgemäß lei-
det die Klinik unter der Forschung, die Forschung
unter der Klinik und die Lehre unter beidem. Gute
Lehre fährt niemandem Ruhm ein, höchstens dank-
bare Studenten.
Außerdem führt dieser Spagat zu chronisch müden
Ärzten. Eine Freundin erzählte letztens folgende
Szene aus ihrem Praktikum: Ein Team junger Ärzte
steht bei der Visite um eine über 90-jährige Patientin herum. Die Patientin schaut sich in der Runde

um und bemerkt fürsorglich: »Ihr solltet alle mal ins Bett gehen und schlafen, ihr seht müde aus.«

Ein Dozent erzählte die Geschichte einer Bekannten, die ihren ersten Nachtdienst, normalerweise ein Anlass größter Aufregung, fast verschlief. Sie wachte auf durch Blaulicht. Da war ihre Station schon fast abgebrannt. Ein Lungenkranker hatte nicht beachtet, dass sich Zigaretten und das Sauerstoffgerät nicht besonders gut vertragen.

Ein anderes Kuriosum begegnete mir vor Weihnachten auf einer Pädiatrie. Die Stelle einer jungen Ärztin war über Forschungsgelder finanziert. Genauer gesagt forschte sie an Kinderdurchfällen. Sie musste eine bestimmte Anzahl Durchfälle sammeln, um die Erreger zu bestimmen. Ich sah sie auf allen Stationen als Bittstellerin: »Habt Ihr noch Durchfälle für mich?«, fragte sie. Sie tat mir leid. Hatte sie bis Silvester nicht genug Durchfälle zusammen, lief ihre Stelle aus. Mein Praktikum war Weihnachten zu Ende. Ich werde wohl nie wissen, ob sie es geschafft hat und weiter sammeln darf oder ob sie inzwischen an einem anderen Haus ist. Ich sehe sie vor mir mit Augenringen und Sorgenfalten. »Scheißforschung«, murmelt sie im Vorbeigehen.

Der Kampf der Mediziner

Wer je mit Ärzten zu tun hatte, der weiß, dass ihre Sprache ein Kauderwelsch aus englischen, lateinisch- und griechischstämmigen Wörtern sowie Abkürzungen ist, die man als Laie gar nicht und auch als Mediziner nur zum Teil versteht. Als Student im Praktischen Jahr fällt mir zusätzlich immer wieder auf, wie martialisch die Sprache der Mediziner ist. Ärzte führen grundsätzlich einen *Kampf* gegen die Krankheit, den es nicht zu *verlieren* gilt. Das ist ein Grund, warum sie lange Zeit Schwierigkeiten hatten, Patienten in Ruhe und Würde sterben zu lassen, wenn die Zeit gekommen war.

Bekommt ein Patient einen Infekt, so hat der Arzt ein *Arsenal* an Antibiotika, um die Keime zu töten. Der Apotheker als Waffenhändler?

Manchmal löst sich ein Teil eines Blutgerinnsels, dann Embolus genannt, gelangt über die Blutbahn zum Beispiel in Lunge oder Gehirn und verursacht eine Lungenembolie oder einen Schlaganfall. Im Jargon *schießt* der Patient einen Embolus, wie wagt er es?

Die Charité besitzt ein Rohrpost-System, und so kann man morgens nach den Blutabnahmen das

Blut ganz bequem ins Labor *bomben*. Ich möchte mir nicht vorstellen, wie diese Bomben dort einschlagen ...

Manchmal frage ich mich, ob die Ärzte nicht Spaß daran hätten, kleine Kämpfe unter sich auszutragen. Der Neurologe könnte seinen Reflexhammer als Tomahawk benutzen, der Internist sein Stethoskop als Morgenstern schwingen. Der Strahlentherapeut hingegen könnte Gamma-Strahlung um sich schießen und wäre wohl ein gefürchteter Gegner, der Chirurg jedoch ist von Natur aus furchtlos und ließe sich von der Schwester sein Lieblings-Skalpell reichen.

Den Notfallmediziner ließe das kalt, er zückt lässig seine neueste Waffe. Bei Patienten im Schock ist es nämlich schwierig, Venen zu finden, um Flüssigkeit und Medikamente zu geben, und eine Alternative ist es, eine Nadel in den Knochen zu bohren. Dafür gibt es neuerdings eine Pistole, die dafür gemacht ist, Kanülen in Schienbeine zu schießen, die so genannte *bone injection gun*. Letztens erzählte uns ein Notfallmediziner mit strahlenden Augen: »Da ziehe ich meine *bone injection gun*, und dann ist Rock'n'Roll.« *Der letzte Cowboy*, dachte ich für mich; meine Kommilitonen rollten die Augen.

Berlin – ganz familiär

Eine Studentenstadt ist nicht zu groß und hat gefühlt mehr Studenten als Einwohner. In den Semesterferien stirbt diese kleine Stadt vollkommen aus und Dornbüsche wehen durch die verlassenen Straßen. Während des Semesters geht man ohne Verabredung in eine Kneipe und trifft die Hälfte seiner Freunde. Hat man auf diese Hälfte keine Lust, geht man in die andere Kneipe, in der die andere Hälfte sitzt. Trifft man sich in der Mensa mit einer Kommilitonin, sehen einen am nächsten Tag alle Freunde bedeutungsvoll an, vielleicht sogar die Dozenten. Kurzum, eine Studentenstadt ist klein, familiär und jeder kennt jeden.

Berlin ist ein wenig anders. Berlin hat drei Millionen Einwohner, und ich habe noch nie in den Semesterferien einen Dornbusch durch die menschenleeren Straßen wehen sehen. Es ist mir auch selten passiert, dass ich unverabredet in eine Kneipe gegangen bin und die Hälfte meiner Freunde getroffen habe.

Letztens fiel mir beim Aufräumen ein Studentenführer in die Hände, den wir im ersten Semester ausgeteilt bekommen hatten. Es ist kein Heft oder Büchlein, sondern ein dreihundert Seiten starkes Werk in Signalrot. Darauf ist ein Hai mit aufgeris-

senem Maul abgebildet, der Titel lautet »Rettungs-
ring«. Klare Botschaft: Wer in Berlin studiert, ist
selbst schuld. Er begibt sich in ein Haifischbecken
und droht, unterzugehen oder gefressen zu werden.
Wenn er fleißig in der ersten Semesterwoche den
»Rettungsring« studiert, von A wie AStA bis Z wie
Zwangsberatung, hat er eine geringe Chance auf
Überleben!
Nach sechs Jahren muss ich das relativieren. Jeder
Berliner Stadtteil ist eigentlich ein Dorf, und da
90 Prozent der Studenten in zwei Stadtteilen wohnen, kann es eben doch vorkommen, dass ich
nach einem Kliniktag aus der U-Bahn komme und
meinem besten Studienfreund, seiner Frau und
meinem zukünftigen Patenkind in die Arme laufe.
Mein Gitarrenlehrer, der eine Professur an der
Universität der Künste hat, nahm letztens einen
Koreaner in seine Klasse auf. Da der jedoch erst
17 Jahre alt ist und seine Eltern weit weg, über-
nahm der Professor kurzentschlossen das Sorge-
recht für seinen Studenten. Gestern machten die
beiden Amtsgänge und andere Erledigungen, wie
Vater und Sohn. In Berlin kann man nicht familiär
studieren? Ick lach ma'n Ast!

Das Helfersyndrom

Man studiert Medizin, »um zu helfen«. Das werden einem wohl die meisten angehenden Ärzte erzählen, die man nach dem Grund ihres Studiums fragt. Dabei ist dieser Wunsch alles in allem recht abstrakt: Viele sind sich noch nicht darüber im Klaren, wem und wie sie eigentlich helfen wollen. Sollen sie in einem Entwicklungsland die Cholera bekämpfen, viele Menschenleben retten, nur um zu wissen, dass mit der nächsten Regenzeit auch die nächste Cholera-Epidemie kommen wird, wenn sich nicht die Rahmenbedingungen ändern? Oder wollen sie doch eher an einer westlichen Uniklinik High-Tech-Medizin und Forschung betreiben und damit vielleicht Wohlstandsbürgern Wohlstandskrankheiten austreiben, ebenfalls ohne etwas am Grundleiden zu ändern? Oder ist es nicht sinnvoller, in die Entwicklungs- oder Gesundheitspolitik zu gehen und das Übel an der vermeintlichen Wurzel zu packen?

Und welcher Facharzt ist der richtige? Die wenigsten werden Kardiologen, weil ihnen gerade die Herzpatienten so leidtun. Vielmehr ist es doch so, dass man das Herz als solches interessant findet oder dass einem die Gerätemedizin gut liegt. Oder die Wahl des Landes, in dem man praktiziert. Kaum jemand geht nach Skandinavien oder Großbritannien, weil ihm die norwegischen oder ihr die schottischen Patienten mehr am Herzen liegen als die deutschen. Dort locken eher die besseren Verdienstmöglichkeiten oder auch die geregelteren Arbeitszeiten.

Manchmal jedoch, um einen Punkt besonders zu unterstreichen, konkretisieren Dozenten diese sehr abstrakte Idee, helfen zu wollen. Letztens sagte ein Dozent: »Eigentlich nehmen wir ja in der Klinik ein anderes Medikament, aber wenn es meine Mutter wäre...« Ich fragte mich, ob es gut für die Mutter wäre, von ihm behandelt zu werden. Vermutlich liefe vieles schief: zu viel Diagnostik und Therapie, in bester Absicht, oder Verdrängung der schlimmen Diagnose, aus lauter Mutterliebe. Außerdem hören Mütter in den seltensten Fällen auf ihre Söhne.

Aber auch Fremde lassen sich nicht immer ohne Weiteres helfen. Eine Freundin rüttelte letztens in ihrem Eifer einen Mann wach, der es anscheinend von einer der wilden Berliner Partys nicht mehr ganz nach Hause geschafft hatte und nun in einem Häusereingang seinen Rausch ausschlief. Vielleicht ist er tot, dachte sie, oder bedarf meiner Hilfe. Der so Geweckte reagierte äußerst unwirsch und sagte ihr in unmissverständlichen Worten, die ich an dieser Stelle nicht wiederholen möchte, dass er nicht tot sei und gerne weiterschlafen würde.

Man sieht, es ist nicht einfach mit dem Helfen!

Der
buddhistische
Weihnachtsmann

Anfang Dezember findet in Berlin die Weihnachtsmannvollversammlung statt. Dort treffen sich mehrere hundert Weihnachtsmänner mit ihren Engelchen, um die Lage zu besprechen und Fotos zu machen. Vor allem für die Klatschpresse ist das eine gute Gelegenheit, mit großformatigen Bildern die Weihnachtszeit einzuleiten.

Es handelt sich bei den Akteuren um Studentinnen und Studenten, die an Heiligabend, koordiniert vom Studentenwerk, Familien besuchen werden, um dort bei der Bescherung zu helfen. Eine Freundin von mir nimmt nun schon seit ein paar Jahren als Engel teil. Ihr Weihnachtsmann hat einen grandiosen Vorteil: Er ist ein 65-jähriger Student der Philosophie und Wissenschaftsgeschichte, dessen Bart echt ist und sogar fast ohne chemisches Nachhelfen weiß. Kinder können daran zupfen, wie sie wollen, der Bart (und somit natürlich der Weihnachtsmann) ist echt. Eigentlich hat der Weihnachtsmann in den sechziger Jahren schon einmal studiert und war '68 dabei, als die Mensa der Freien Universität besetzt wurde, entschloss sich dann, buddhistischer Mönch zu werden, verbrachte ein paar Jahre auf Sri Lanka und dann noch ein paar Jahre als Bettelmönch auf Reise durch Europa. Nun ist er mit Bart zurückgekehrt und Weihnachtsmann geworden.

Auf ihrer Runde am 24. werden sie dann zu dritt sein: Der Chauffeur, stolzer Besitzer eines winzigen alten Autos, der ein bimmelndes Rentiergeweih aufhaben wird. Er ist Physikstudent (vielleicht hat er sein Studium auch abgebrochen), findet Weihnachten Humbug und wird viel von schwarzen Löchern erzählen. Der buddhistische Mönch wird sich einen Rucksack vor den Bauch gebunden haben, damit nicht nur der Bart, sondern auch die Wampe aussieht wie beim echten Weihnachtsmann. Und das Engelchen wird sich im Hochzeitskleid seiner Mutter auf die Rückbank quetschen und bei Besuchen, zu denen der Weihnachtsmann alleine angefordert ist, gerne Smalltalk über schwarze Löcher mit seinem bimmelnden Rentier halten.

Nach der Bescherung gehen alle wieder ihrer Wege. Eine Woche später ist Silvester. Die Studentin wird wohl ein paar Raketen steigen lassen, um Geister zu vertreiben. Der Physiker wird etwas von Humbug grummeln. Und der Mönch? Er hat ein großes Herz. Er hat Mitleid mit all den Geistern, die symbolisch vertrieben werden, und wird bei offenem Fenster schlafen: um ihnen Zuflucht zu gewähren.

Statistik

Letztens fuhr ich für ein Wochenende mit der Bahn nach Hause. Studenten reisen spontan und meist ohne Sitzplatzreservierung. Ein freier Platz findet sich eigentlich immer. Manche Plätze sind reserviert, da weiß man, wo man dran ist. »Berlin-Düsseldorf« steht da, und man setzt sich nicht hin. Über einem anderen Platz stand »gegebenenfalls freigeben«. Ich setzte mich, schlug mein Buch auf und die Beine übereinander. Das »Gegebenenfalls« machte mir keine gute Laune. Es ist unberechenbar, hat etwas von Wahrscheinlichkeiten, von Risiko. Davon gibt es schon zu viel in der Medizin.
Medizin heißt evidenzbasiert, wenn sie in großen Studien erprobt ist. Aber selbst die beste Studie mit zehntausend Patienten sagt einem herzlich wenig über den Einzelnen, der Hilfe suchend vor einem sitzt. Man hat viele Zahlen im Kopf, nun muss man die Worte dazu finden. Dieser eine Patient wird also »gegebenenfalls« gesund. »Wahrscheinlich« kommt seine Krankheit nicht wieder. Die Krankheit kommt »nicht häufig« vor, drei zu Hunderttausend. Was für ein Trost! Die unerwünschten Wirkungen des verschriebenen Medikaments treten »sehr

selten« auf. Dafür ist die »Ansprechrate hoch«. Das »Risiko« einer Zweiterkrankung liegt bei 70 Prozent. Die Prophylaxe hilft einem von zehn Patienten. Die fünf Jahres Überlebensrate liegt bei ... Statistik kann sehr frustrierend sein, für Ärzte und Patienten. Auch für Studenten. Es gibt viele statistische Tests, die man lernen und vielleicht sogar einmal anwenden muss, aber die Statistiker sind oft introvertierte Menschen, die am liebsten mit vielen Zahlen im stillen Kämmerlein jonglieren und deswegen nicht allzu gerne Lehre machen. Solche düsteren Gedanken zur Statistik im Medizinstudium gingen mir gerade durch den Kopf, als der Schaffner kam.

Ich fragte ihn, ob ich sitzen bleiben könnte. Er wusste es ebenso wenig wie ich. »Nur eine Reservierung ist eine Garantie«, sagte er. Ich musste lächeln, weil ich mal eine Ärztin kannte, die ihren augenscheinlich gesunden Patienten eine Garantie bis zum 99. Lebensjahr gab. Natürlich gibt es in der Medizin keine Garantie, ebenso wie es keine Garantien mehr für schneesichere Skigebiete oder trockene Füße in Venedig gibt.

Bei der Bahn ist das anders. Hier kann man sie kaufen, zumindest für einen Sitzplatz. Sie kostet nur 3,50 Euro. Geradezu ein Schnäppchen.

Der Forscher

Auf dem Weg zur Mensa unterhielten wir uns über wissenschaftliche Ambitionen. Jeder hatte eine eigene Meinung. Einige von uns wollen in die Grundlagenforschung gehen, anderen läuft schon bei der bloßen Vorstellung eines Labors ein Schauer über den Rücken. Dabei bemerkte ein Student ganz nebenbei zu einer Mitstudentin: »Du hast ja schon als Kind einen Preis bei Jugend forscht gewonnen.« Sie war sehr erstaunt, dass er das wusste. Sie ist Berlinerin, er Münchener, sie kannten sich zu Schulzeiten nicht. Wir sind eine bunt zusammengewürfelte Gruppe aus dem ganzen Bundesgebiet. Er lächelte, ein wenig verlegen und ein bisschen verschmitzt, und gab schließlich zu: »Ich habe dich gegoogelt.«

Das Google der Mediziner heißt PubMed. Hier kann man mühelos Artikel aus großen und sogar ganz kleinen Fachzeitschriften finden. Hier findet man Artikel zu Herzmedikamenten genauso wie Artikel zu abnormen sexuellen Neigungen. Man erfährt, dass es Leute gibt, die es erregt, mit Gummistiefeln durch Matsch zu laufen.

Neben der Stichwortsuche kann man sich auch die Veröffentlichungen eines bestimmten Autors anzeigen lassen. Dabei folgt die Publikationsliste eines etablierten Forschers immer einem ähnlichen Schema. In seinen ersten Artikeln, sie liegen am längsten zurück, ist er Erstautor. Das bedeutet, dass er selbst geforscht hat. Er stand im Labor, steckte voller Idealismus und Visionen, lebte von Kaffee, hatte Augenringe und schlief auf einer Luftmatratze im Institut.

Bei den nächsten Veröffentlichungen steht sein Name weiter hinten. Da sind seine Doktoranden Erstautoren, er selbst stand schon kaum noch im Labor, vielmehr fasste er ihre Forschungsergebnisse zusammen. Ganz zum Schluss gibt es eine Phase, in der er der alleinige Autor ist, da schrieb er Übersichtsartikel. Er saß in seinem Büro, dachte über den aktuellen Stand der Forschung nach und fasste ihn zusammen. Vielleicht machte das aber auch schon einer seiner Helfer für ihn. Seine Sekretärin kochte den Kaffee.

In diesen Artikeln schreibt er sehr viel von den Ergebnissen seiner eigenen Arbeitsgruppe, erwähnt in einem Nebensatz die Forschung der unbeliebten Widersacher (man ist ja Wissenschaftler) und schließt ab mit einer Zusammenfassung, die noch einmal die eigene Forschung hervorhebt. Beim Verfassen dieser Arbeit denkt er sehnsüchtig an die Zeit zurück, als er noch auf einer Luftmatratze im Labor schlief. Er ist unglücklich, weil diese Zeiten vorbei sind. Vielleicht aber auch nicht. Vielleicht ist es gar nicht so schlimm, in einem geräumigen Büro zu sitzen, über den Stand der Forschung nachzudenken und ab und an zu einem internationalen Kongress zu fliegen. Vielleicht bin ich nur ein bisschen neidisch.

Es war
gut gemeint

Neulich standen wir im Grüppchen zusammen, den Seminarbeginn erwartend. Mir fiel wieder mal auf, wie gut einer Mitstudentin die Frisur steht, die sie seit mehreren Wochen trägt. Um das zum Ausdruck zu bringen, sagte ich: »Du hast dieses Semester meistens eine sehr schöne Frisur.« Das war als positives Feedback, wenn nicht gar als Kompliment gemeint.

Die umstehenden Mitstudentinnen verdrehten die Augen, schüttelten den Kopf oder schrumpften um einige Zentimeter. Mich beschlich das Gefühl, einen Fehler gemacht, einen Fauxpas begangen zu haben, in einem Fettnäpfchen zu stehen.

»Was ist los?«, fragte ich in die Runde. Nun ging es los! Die Damen klärten mich darüber auf, dass man ein derartiges Kompliment nicht mit »meistens« und »in diesem Semester« einschränken könne, denn dann sei es eigentlich gar kein Kompliment mehr, der Implikationen wegen und so weiter.

Ich hatte das Kompliment aber nicht einschränken, sondern ausweiten wollen, auf einen größeren Zeitraum als den besagten Tag. Es wäre aber auch gelogen gewesen zu sagen: »Du hast dieses Semester immer eine schöne Frisur«, weil ich der Mitstudentin noch drei Tage zuvor mit dem Fahrrad im Regen begegnet war, als ihre Frisur alles andere als vorteilhaft aussah. Und ich musste es auf dieses Semester beziehen, schlichtweg, weil sie die Frisur voriges Semester noch gar nicht trug. Diese Argumente, wenngleich logisch, fielen nicht auf fruchtbaren Boden.

Vor kurzem beschwerte sich eine andere Freundin, über deren angemalte Zehennägel ich mich gerade abfällig geäußert hatte, dass ich ihr nie Komplimente mache. »Ich mache dir Komplimente«, verteidigte ich mich. »Du bekommst sie nur nicht mit.« »Du müsstest aber wissen, wie es geht«, murrte sie. »Du liest doch diese romantischen Schinken.« Ich gebe zu, ich lese gerne britische Literatur des 19. Jahrhunderts. In den Romanen machen Gentlemen feinen Damen stets schwülstige Komplimente. Ich finde das ein wenig pathetisch. »Aber die Frauen haben sich geändert«, warf ich ein. »Sie sind emanzipiert.« »Trotzdem freuen sie sich«, erwiderte sie und schmollte.

An dieser Stelle sei ausdrücklich erwähnt, dass die Freundin tatsächlich hübsch ist, trotz der bemalten Nägel. Das werde ich ihr aber nicht sagen. Das weiß sie schon selbst. Und sehe ich etwa aus, als sei ich einem Brontë-Roman entsprungen?

Ende eines Puppenlebens

Ich studiere Medizin in einem Reformstudien-gang, in dem Wert auf problemorientiertes Lernen ebenso wie auf ärztliche Gesprächsführung gelegt wird. Sehr zum Verdruss einiger Professoren und zum immerwährenden Erstaunen eines französischen Mit-arbeiters der Biochemie haben wir keine Vorlesun-gen. Wir werden dazu ausgebildet, Probleme selbst zu definieren und auch zu lösen. Wir nehmen nichts als gegeben hin und stellen viele Fragen.

Unser zehntes Semester startete mit einer Woche Notfallmedizin. Es ging darum, möglichst realis-tische Notfälle an einem 40.000 Euro teuren Dummy durchzuspielen. Diese Gummipuppe ist jeden Cent ihres stolzen Preises wert. Sie atmet, hat Venen zum Legen von Zugängen, hat einen Puls, man kann sogar ein EKG ableiten und sie defibrillieren. Auf einen Knopfdruck des Dozenten hustet sie oder macht mehr oder minder realistisch das Geräusch nach, das entsteht, wenn jemand sich übergibt. Die Dozenten können per Fernbedienung verschie-denste Notfallszenarien durchspielen.

Immerhin ist es mein letztes Semester und es gab in diesen Kursen ordentlich was zu sehen, weswegen ich an einem Tag meine Kamera mitbrachte. Drei Mitstudenten standen um die Puppe und sollten mit der Reanimation beginnen. Ich stand auf einem Tisch, der Perspektive wegen, und hielt die Kamera im Anschlag. Statt sich jedoch auf die Puppe zu stürzen, fingen meine Kommilitonen eine lebhafte Diskussion untereinander und mit der Dozentin an. Warum so und nicht anders? Wie ist dies und das zu erklären? Die Notfallmedizinerin wurde nervös. »Der Mensch stirbt!«, rief sie und erklärte, dass man in der Notfallmedizin schnell und nach Standard-programmen arbeiten müsse, ohne viele Fragen zu stellen. »Wer erlässt die Standards?«, fragten meine Mitstudenten. »Und ist es wirklich sinnvoll, in dieser Situation so zu handeln?« Die Dozentin raufte sich die Haare, ich ließ meine Kamera sinken. Nach weiteren fünf Minuten Diskussion stürzten sich die drei endlich auf die Puppe. Ich fotografierte die Aktion. »Warum fotografierst du?«, fragte ein anderer Mitstudent. Ich erklärte es ihm. »Das verstehe ich nicht!«, fing er an zu diskutieren. Eine andere Kommilitonin mischte sich ein: »Ich verstehe das schon.« Die Reanimation wurde unterbrochen. »Es ist unser zehntes Semester«, fügte jemand anderes hinzu. »Der Patient stirbt!«, rief die Dozentin und raufte sich die Haare. Ich ließ die Kamera sinken.

Die Gummipuppe hatte aufgehört zu röcheln, das EKG zeigte eine Nulllinie. Ich fand, sie sah traurig aus.

Jetzt wird gelernt

In Berlin ist es über Nacht Herbst geworden. Nicht jeder freut sich darüber, aber meiner Vorbereitung auf das näher rückende Staatsexamen tut das sicherlich gut. Obwohl beides, die Ankunft des Herbstes und die des Staatsexamens, eigentlich nicht verwunderlich sein sollten, Herbst wird es schließlich jeden Herbst und auch das Staatsexamen steht seit sechs Jahren fest, kommt mir beides ein wenig unvermittelt. Das soll nicht heißen, dass ich gerade erst mit dem Lernen anfange.

Vor einigen Monaten, als die Vorbereitung begann, war noch einer dieser viel besungenen Sommer, ein Summer in the City, wie er früher einmal war, vermutlich hätte man auch sein Bett im Kornfeld aufstellen können, hätte man nur gewollt. Jedenfalls brannte die Sonne auf Berlin hernieder, meine Studentenbude geht nach Südosten, und so verbrachte ich den Großteil des Vormittags dösig im abgedunkelten Zimmer in der Hoffnung, die Wohnung möge sich nicht zu sehr aufheizen. Nach dem Mittagessen legte ich mich ein paar Minuten auf den Balkon, nur um festzustellen, dass es nicht auszuhalten war. Also schnappte ich mir den Liegestuhl und legte mich im Park unter einen Baum. Da ich mich dort aber nicht konzentrieren konnte, tauschte ich schnell das Chirurgiebuch gegen einen Roman. Nachmittags lernte ich dann doch ein wenig, aber abends hatte ich definitiv das Gefühl, etwas zu verpassen, wenn ich nicht noch mit Freunden einen Schluck trinken ging, um zu erzählen und die erträglich gewordenen Temperaturen zu genießen. Ein Parkhaus mitten in Berlin hatte sein oberstes Parkdeck für Autos geschlossen, Sand aufgeschüttet und eine Strandbar eingerichtet, die einlud zu Blicken über Berlin und in die Sterne.

Mit alldem ist nun Schluss. Das Wetter lädt nicht mehr ein zum Liegen im Park oder auf dem Parkdeck, und die Freunde, die ebenfalls im Herbst Staatsexamen machen, haben ohnehin keine Zeit, sich zu treffen. Die anderen fallen langsam in eine Art Winterschlaf oder in eine saisonale Depression und sind auch nicht mehr so unternehmungslustig. Natürlich wäre es an der Zeit, mit den Winterschläfrigen lange Tage in Cafés zu verbummeln und Zeitung zu lesen. Natürlich müsste ich mit dem netten älteren Ehepaar aus dem Sportverein mal wieder Pilze sammeln gehen. Natürlich müsste ich die Freundinnen und Freunde mit saisonalen Depressionen aufheitern.

Aber jetzt wird gelernt! Man kann sich schließlich nicht jede Jahreszeit neue Ausreden einfallen lassen.

Il dolce far niente

Das Examen ist vorbei. Damit natürlich auch das Lernen. Eigentlich gibt es nichts mehr zu tun, il dolce far niente. Wobei, die Doktorarbeit muss noch einmal überarbeitet werden, meine Laborchefin hatte beim letzten Gespräch den ein oder anderen Änderungswunsch. Ein paar Wochen bräuchte ich dafür, mehr nicht, meinte sie.

Ach so, und wer Arzt werden will, muss die Approbation beantragen. Für die Approbation braucht man die Bescheinigung eines anderen Arztes, dass man aus seiner Sicht »nicht ungeeignet« ist, diesen Beruf auszuüben. Was auch immer das heißt! Und ein polizeiliches Führungszeugnis muss man vorlegen. Das bekommt man auf dem Bürgeramt. Natürlich streiken die Berliner Bürgerämter, haben aber einen Notdienst eingerichtet. Ohnehin streikt der Berliner sofort, wenn ihm etwas nicht passt. Jede Stadt hat da so ihre Sitten, in Paris zum Beispiel steckt man Autos oder Gefängnisse in Brand, um seinem Unmut Ausdruck zu verleihen.

Es regnet, als ich zum Bürgeramt gehe. Vorher habe ich mich erkundigt, was mitzunehmen sei. Alles Nötige befindet sich in meiner Tasche. Die Beamtin jedoch fragt mich nach »dieser Nummer« vom Landesprüfungsamt. Von »dieser Nummer« hat mir vorher niemand was gesagt, also gehe ich wieder zurück. Es regnet noch immer, Bewegung tut gut.

Nebenbei muss ich auch noch eine Wohnung in der neuen Stadt suchen, in der ich meine Stelle antreten werde. Ich telefoniere, recherchiere im Internet. Zwischendurch ruft der Klinikleiter an und meint, es hätte doch nur Vorteile, wenn ich die neue Stelle schon einen Monat früher anfinge und bereits über die Feiertage arbeiten könnte. Ich sehe die Vorteile noch nicht.

Ich intensiviere die Wohnungssuche im Internet, schreibe mir Telefonnummern auf, suche nach Öffnungszeiten von Behörden. Vor lauter Überforderung hängt sich mein Computer auf. Ich werde dezent ungehalten und versuche es mit einer Tastenkombination, die mir in solchen Fällen nützlich erscheint. Der Computer missversteht mich und fängt an, mir das Grave aus Bachs zweiter Violinensonata vorzuspielen, BWV 1003. Verwundert höre ich eine Weile zu. Schon bin ich besänftigt, finde nun auch die richtige Tastenkombination. Der Computer tritt seinen Dienst wieder an, im Hintergrund läuft weiterhin Bachs Violinenmusik, die ich vor Monaten mal auf die Festplatte gespielt hatte, als ich selbst das Stück auf der Gitarre übte. Ach so, wie lange genau hatte ich die Gitarre nicht in der Hand?

Jedenfalls bedanke ich mich bei meinem Computer für sein Einfühlungsvermögen, das ich ihm ehrlich gesagt gar nicht zugetraut hätte, nehme meinen Regenschirm und mache mich auf zum nächsten Amtsgang. Das Examen ist vorbei, das süße Leben kann beginnen.

Nachwort: Sauberkeit im Süden

Berlin ist arm aber sexy, sagte der regierende Bürgermeister einmal, und – sind wir mal ehrlich – ist Berlin auch ganz schön dreckig und chaotisch, aber sexy. Vor allem wenn der Winter langsam in den Frühling übergeht und Lagen von Hundekot und aufgeweichte Silvesterkracher aus dem dreckigen Schnee auftauchen, freut man sich über dicke Schuhe.

Seit über zwei Jahren lebe ich nun in Ulm. Der Süden ist aufgeräumt und sauber, musste ich feststellen. Während in Berlin die Briefkästen in dem alten Mietshaus, in dem ich meine Studentenbude hatte, kreuz und quer hingen wie die schlecht gepflegten Zähne eines alten Mannes, teilweise genauso braun und abgenutzt, achtet man im Süden sogar darauf, dass die Namensschildchen alle emailliert sind und dem Standard entsprechen.

In meinem letzten Nachtdienst allerdings wurde selbst ich noch einmal überrascht. Früh am Abend wurde ich auf die Forensische Psychiatrie gerufen. Hier sitzen die harten Jungs, die was ausgefressen haben, allerdings nicht ins Gefängnis gehen, weil sie eine psychische Erkrankung haben. Die Tür ist

mehrfach gesichert, ein Pförtner öffnet per Knopfdruck. Alles in allem entsteht der Eindruck einer
Trutzburg. Allerdings passte der Zettel am Eingang
eher zu einem piefigen Reihenhaus, hier war zu
lesen: »Bitte Schuhe abputzen«.
Noch leicht verwundert setzte ich meinen Weg fort
zur psychiatrischen Akutstation. Ich war schon den
ganzen Nachmittag unterwegs gewesen und suchte
kurz das stille Örtchen auf. Hier wunderte ich mich,
dass neben dem Toilettenpapier ein Zettel klebte,
auf dem »Toilettenpapier« stand, mit einem Pfeil in
die entsprechende Richtung. Neben der Klobürste
stand auf einem Zettel, der obligatorische Pfeil fehl-
te nicht, »Klobürste«. Ich erinnerte mich an einen
Kumpel aus Studientagen, der Russisch lernte (der
Liebe wegen) und alle Haushaltsgegenstände
mit kleinen Zetteln mit kyrillischen Buchstaben ver-
sehen hatte. Konnte es sich hier um eine ähnliche
Aktion handeln? Dieser Gedanke wurde beim Hände
Waschen zerschlagen. Über dem Waschbecken
stand: »Hände waschen und desinfizieren, siehe
Hygieneplan«. Weiterhin stand dort zu lesen: »Wir
sind erwachsene Menschen«. Diese unzweifelhaft
richtige Aussage (Kinder sind auf einer geschlos-
senen Station verboten) war in Großbuchstaben
geschrieben und mit sechs Ausrufezeichen verse-
hen. Nervös machte mich allerdings die letzte Aussage des Zettels: »WC videoüberwacht«.
Wider besseren Wissens drehte ich mich um und
suchte nach einer Kamera. Natürlich fand sich keine.
Langsam allerdings konnte ich nachvollziehen, wie
sich meine schizophrenen Patienten fühlen, wenn
sie davon reden, sich beobachtet und beeinflusst
zu fühlen. Ich flüchtete zurück auf die geschlossene
Station. Schon ging es mir deutlich besser.

Der
Autor

Foto: Sonja Endruhn

Dr. Moritz E. Wigand wurde 1982 in Mönchen-gladbach geboren und studierte Medizin an der Berliner Charité; Auslandsaufenthalte führten ihn nach Frankreich und in die USA. Neben dem Medizinstudium spielte er klassische Gitarre auf zahlreichen Veranstaltungen der Berliner Universität der Künste. Von 2006 bis 2008 war er als Kolumnist für die Tageszeitung *Rheinische Post* tätig. Inzwischen arbeitet er als Arzt an einer psychiatrischen Klinik in Süddeutschland.